www.ingramcontent.com/pod-product-compliance
Lightning Source LLC
LaVergne TN
LVHW021048100526
838202LV00079B/4882
9788119022298

چہرہ چہرہ داستان

(خاکے)

مصنف:

سلیمان اطہر جاوید

Chehra Chehra Daastaan *(Literary Sketches)*
by: Sulaiman Ather Jaweed
Edition: January '2023
Publisher & Printer:
Taemeer Publications, Hyderabad.

ISBN 978-81-19-02229-8

کتاب	:	**چہرہ چہرہ داستان**
مصنف	:	**سلیمان اطہر جاوید**
صنف	:	خاکے
ناشر	:	تعمیر پبلی کیشنز (حیدرآباد، انڈیا)
زیرِ اہتمام	:	تعمیر ویب ڈیولپمنٹ، حیدرآباد
سالِ اشاعت	:	۲۰۲۳ء
تعداد	:	(پرنٹ آن ڈیمانڈ)
طابع	:	تعمیر پبلی کیشنز، حیدرآباد – ۲۴
صفحات	:	۱۳۶
سرورق ڈیزائن	:	تعمیر ویب ڈیزائن

فہرست

استادِ محترم

پروفیسر رفیعہ سلطانہ صاحبہ

کے نام

پیش لفظ

یہ اُن شخصیات کے مرقعے ہیں جنھوں نے زندگی کے کسی نہ کسی موڑ پر مجھے متاثر کیا ہے۔ مختلف نظریوں اور مزاجوں کی حامل ان شخصیات کے افکار ونظریات سے ضروری نہیں کہ میں مکمل ہم آہنگی رکھتا ہوں (ایسا ممکن بھی نہیں) تاہم ان شخصیات اور میرے مابین ایسی قدریں رہی ہیں جنہوں نے مجھے ان سے قریب ہونے اور ایک طرح کی وابستگی محسوس کرنے پر مجبور کیا ہے۔ میں چاہتا رہوں کہ یہ قدریں عام ہوں، پھولیں پھلیں! ـــ میں نے ان شخصیات کو کس حد تک محسوس کیا ہے اس کا اندازہ ان مرقعوں سے ہو سکتا ہے۔ یقین ہے میرے ان تاثرات میں، میرے قارئین بھی شریک ہوں گے۔

میں یہ دعویٰ نہیں کرتا کہ میں نے ان شخصیات کی صحیح طور پر ترجمانی کی ہے۔ البتہ میرے یہ احساسات، میرے اپنے احساسات ہیں۔ میری دلی کیفیات کے ترجمان۔ میں یہ کہہ سکتا ہوں کہ میری کوشش رہی ہے۔ ان شخصیات کو اسی طرح پیش کردوں جیسا کہ میں نے محسوس کیا ہے۔

جامعہ عثمانیہ، ان معنوں میں شخصیت نہ سہی جیسی کہ دیگر مرقعوں کی شخصیات ہیں لیکن کون اس سے انکار کرے گا کہ جامعہ کی بھی اپنی ایک شخصیت، بھرپور اور موثر شخصیت ہے۔ پہلا مرقع جامعہ عثمانیہ کی "شخصیت" کا احاطہ کرتا ہے۔

"چہرہ، چہرہ، داستان" میرے مرقعوں کا پہلا مجموعہ ہے۔ اس کی اشاعت کے لئے میں محترم جناب عبدالمحمود صاحب ۔ کا اپنے قلب کی گہرائیوں سے شکر گزار ہوں۔ نظام دکن آصف سابع اعلیٰ حضرت نواب میر عثمان علی خاںؒ نے اپنے دورِ حکومت میں اردو کی ناقابلِ شمار خدمات انجام دی ہیں یہ چشمۂ فیض ایچ۔ ای۔ ایچ۔ دی نظامس اردو ٹرسٹ کی صورت میں آج بھی جاری ہے۔ نظامس اردو ٹرسٹ نے اس مجموعہ کی اشاعت کے لئے جزوی طور پر مالی اعانت کی ہے۔ میں ٹرسٹ کے معتمد جناب۔ ام۔ ام۔ بیگ صاحب جملہ ارکان ٹرسٹ بالخصوص محترم محامد علی عباسی صاحب کا ممنون ہوں اس مجموعہ کی اشاعت برادرم میر اعظم علی صاحب مالک نیشنل بکڈپو کے زیرِ اہتمام عمل میں آ رہی ہے۔ اعظم صاحب کی خصوصی دلچسپی کے لئے میں اُن کا بھی مشکور ہوں۔

سلیمان اطہر جاوید

۱۰/ جون ۱۹۷۷ء

شعبہ اردو

یس۔ وی۔ یونیورسٹی۔ تروپتی

ایک تہذیب کی موت!

(آصفِ سابعؒ)

حیدر آباد میرے نزدیک کسی خطۂ ارض کا نام نہیں اور نہ میں نے کبھی اس نقطۂ نظر سے غور کیا ہے کہ اس کا محلِ وقوع کیا ہے۔ اس کے حدود اربعہ کیا ہیں؟ حیدر آباد میرے نزدیک ایک استعارہ ہے، ایک علامت ہے، ایک اشارہ ہے۔ حیدر آباد میرے نزدیک چار مینار کا نام بھی ہو سکتا ہے۔ جو سالہا سال سے سربلند و سرافراز قطب شاہوں کی عظمت و شکوہ کی شہادت دیتا ہے۔ حیدر آباد کو میں رودِ موسیٰ بھی سمجھتا ہوں جو ہر دم رواں دواں ہے اور آج بھی مختلف حکمرانوں کے عروج وزوال کی داستانیں اپنی مثل آئینہ سطح آب پر منعکس کرتی ہے۔ حیدر آباد میرے خیال میں کتب خانہ آصفیہ بھی ہے جہاں علم وادب کے قاروں کا خزانہ محفوظ ہے۔ جہاں آگہی آج بھی تسکینِ جاں پاتی ہے۔ حیدر آباد میرے لئے جامعہ عثمانیہ بھی ہے جو کئی نسلوں کی خالق ہے، رنگ و روشنی کا سرچشمہ ہے۔ آج نہ صرف حیدر آباد بلکہ ہندوستان بھر میں علم کی جتنی روشنی ہے وہ کسی نہ کسی طرح اور کچھ نہ کچھ اسی جامعہ کی شمع فروزاں کی مرہونِ منت ہے ـــــ اور ان سب سے بڑھ کر حیدر آباد ایک گنگا جمنی تہذیب کا نام بھی ہے جو بڑی دلنواز اور دلدار ہے۔ اپنا ایک وزن، وقار اور بھرم رکھتی ہے۔ حیدر آباد میرے نزدیک حضور

نظامِ آصف سابع رحمتہ اللہ علیہ کا نام بھی ہے ۔ میں حیدرآباد اور حضورِ نظام کو ایک دوسرے سے جُدا قرار نہیں دے سکتا۔ میں انہیں ایک ہی تصویر کے دو رخ یا ایک ہی چیز کے دو پہلو بھی نہیں کہتا بلکہ میرے نزدیک ان دونوں سے ایک تصویر مکمل ہوتی ہے اور یہ دونوں دراصل ایک ہی پہلو کے دو جز ہیں کہ ایک کے بغیر نہ تو تصویر مکمل ہوتی ہے اور نہ پہلو۔

آصفِ سابع کے بغیر حیدرآباد اور اُس کی گنگا جمنی تہذیب کا تصور ہی نہیں کیا جاسکتا۔ اہل حیدرآباد' حیدرآباد میں رہتے ہوئے شاید اس حقیقت کو محسوس نہ کرپائیں لیکن آپ اگر حیدرآباد سے باہر جائیں اور حیدرآبادی کی حیثیت سے کسی سے متعارف ہوں تو زیادہ نہیں پانچ دس منٹ ہی کی گفت و شنید میں آپ سے حضورِ نظام کے بارے میں دو چار سوالات ضرور کئے جائیں گے۔ حضورِ نظام کی دولت' اُن کے عادات و اطوار' اُن کے رہن سہن اُن کے مذہبی عقائد' غرض ایسے ہی کئی موضوعات۔ آپ کو تعجب اس امر پر ہوگا کہ بیرونِ دکن' حضورِ نظام کے بارے میں ایسی ایسی غلط فہمیاں بھی پھیلی ہوئی ہیں کہ توبہ ہی بھلی! اور ایسی ایسی روایات مشہور ہیں کہ یہاں آپ نے کاہے کو سنی ہوں گی۔ اور جب آپ حضورِ نظام کی شخصیت کے حقیقی خدوخال پیش کرنے کی سعی کریں گے تو لوگ متعجب ہوں گے کہ کوئی مطلق العنان بادشاہ بھی ایسے کارہائے نمایاں انجام دے سکتا ہے؟ اور اتنی محبوب و مقبول عوامی شخصیت کا مالک بن سکتا ہے۔

۱۹ سال ہوئے' ایک فرمانروا اقتدار سے سبکدوش ہوجاتا ہے۔ اور اس ۱۹ سال کے عرصہ میں زمانہ کئی رنگ دکھاتا ہے۔ تاریخ کے کئی اوراق الٹ جاتے ہیں' کئی ابواب شروع اور ختم ہوجاتے ہیں۔ چشمِ فلک کیا کچھ دیکھتی

ہے۔ کیسے کیسے انقلابات آتے ہیں اور کیا سے کیا ہو جاتا ہے — کئی ایک کے نزدیک عہد آصفی بھولی بسری داستان بھی ہو گیا۔ تاریخ کا ایک گم گشتہ ورق! لیکن جب ۲۴ رفروری کو آصف سابع کی رحلت کی اطلاع ملتی ہے تو یوں محسوس ہوتا ہے کہ ۱۹ سال کا یہ طویل عرصہ کہیں کھو گیا۔ جیسے گردش ایام کہیں تھم سی گئی ہو۔ جیسے اس دوران کچھ نہ ہوا ہو۔ جیسے جیسے حضور نظام ابھی ابھی دکن کے حضور نظام رہے ہوں۔ ۱۹ سال پہلے کے کسی بادشاہ نے داعیٔ اجل کو لبیک نہ کہا ہو بلکہ وہ کل بھی بادشاہ رہے ہوں۔ اپنی زندگی کے آخری لمحے تک بھی تاجدارِ دکن رہے ہوں اور جیسے وہ آج بھی بادشاہ ہوں، تاجدارِ دکن! — اُن کے آخری سفر کا وہ ہمہمہ، وہ عوامی کروفر، رعیت کی وہ عقیدت و وابستگی، وہ خلوص، وہ بے پناہ جذبہ، وہ اپنائیت و یگانگت، وہ رونا چلانا، سر پیٹنا، وہ ہائے ہائے کرنا، جیسے اُن کا اپنا چہیتا۔ ان کا عزیز۔ ان کا باپ مر گیا ہو!!

کسی کی عظمت و مقبولیت کا اندازہ، اُس کے عروج و اقبال کے دور میں، اس کی زندگی میں نہیں۔ اُس کے عہدِ زوال میں، اس کی موت کے بعد کیا جا سکتا ہے۔ جن آنکھوں نے آصفِ سابع کو اس جہانِ فانی سے وداع ہوتے ہوئے دیکھا ہے وہ اُن کے مقام و مرتبہ کا صحیح اندازہ لگا سکتے ہیں۔ یہ منصبِ جلیل دنیا کی بہت کم شخصیات کے حصہ میں آیا ہے۔

کوئی نظامِ حکومت محض اس لئے خوب اور عمدہ نہیں ہوتا کہ اس کو ایک خوبصورت سا نام دیدیا گیا ہے۔ وہی نظامِ حکومت، خراجِ عقیدت ادا کرنے کے لائق ہے جس میں عوام کی صلاح و فلاح، بہبودی و بھلائی اور خوشی و خوشحالی کی راہیں وا کی گئی ہیں۔ کسی بزرگ کے کہنے کا نتیجہ

ہی سہی، بہر کیف سلطنتِ آصفیہ اپنے ساتویں بادشاہ پر اپنی زندگی کی آخری گھڑیاں گن چکی تھی۔ اقوام و ملل کی زندگیوں میں ایسے پیچ و خم آتے ہی ہیں۔ صحت مند اور ترقی پذیر ذہن، تاریخ کے ایسے فیصلوں کا کھلے دل و دماغ کے ساتھ استقبال کرتے ہیں اور زمانے سے ہم آہنگ ہونے کی کوشش کرتے ہیں لیکن غیور اور زندہ قوم اور اس کے افراد، خواہ وہ کسی رنگ، نسل اور مذہب سے وابستہ ہوں عظمتِ رفتہ پر فخر و ناز کرتے اور ساتھ ہی اپنے ماضی کو اپنے حال اور مستقبل کی بنیاد بناتے ہوئے آگے قدم بڑھاتے اور اس کے ممنونِ احسان ہوتے ہیں۔

شخصی حکومت میں جو خامیاں اور خرابیاں پائی جاتی ہیں اُن میں سے چند ایک کی جھلکیاں آصفِ سابع کے دورِ حکومت میں بھی پائی جاتی ہوں گی لیکن اس کے جواب میں، میں یہ کہنا نہیں چاہتا کہ کس طرزِ حکومت میں خامیاں اور خرابیاں نہیں پائی جاتیں یا کونسا نظم و نسق پاک و صاف ہوتا ہے۔ میں اس بحث میں الجھنا نہیں چاہتا کہ آج کی اس ترقی یافتہ کہی جانے والی دنیا میں عوامی کہے جانے والے بیشتر نظام ہائے حکومت کس حد تک غیر عوامی ہیں لیکن اس کا اعتراف ہر حق بین و حق شناس کرے گا کہ حضورِ نظام نے اپنے "شخصی" دورِ حکومت میں آج کی بیشتر حکومتوں سے زیادہ عوام کے لئے فیض بہم نہ پہنچائے ہوں کم بھی نہیں پہنچائے اور بلا شبہ اس کا اعتراف اُن کے طرفدار یا غیر جانبدار افراد ہی نہیں اُن کے کٹر مخالف بھی کریں گے۔ خاقانی ہند ذوق کا شعر ہے۔

نام منظور ہے تو فیض کے اسباب بنا
پُل بنا، چاہ بنا، دریا و تالاب بنا

آصف سابع نے اس سے زیادہ فیض کے اسباب بنائے، یہ عثمان ساگر،

حسین ساگر، نظام ساگر، یہ دواخانہ عثمانیہ، آرتھوپیڈک دواخانہ، شفاخانہ نظامیہ، یہ جامعہ عثمانیہ، کتب خانہ آصفیہ، یہ عدالت العالیہ، جوبلی ہال، معتمدین کی عمارت، ریاست بھر میں سمنٹ کی سڑکوں کا جال، مکڑی کے جال کی طرح بچھی ہوئی ریلوے لائن، گلی گلی کوچے کوچے میں برقی و آب کی سربراہی، اپنے وقت کا ترقی یافتہ نظم ونسق، تعلیم کی فیاضانہ اشاعت، غرض کیا بیان کروں اور کیا نہیں کہ ع سفینہ چاہیے اس بحرِ بیکراں کے لئے۔

میں آصف سابع کا اس لئے معترف نہیں کہ وہ ریاست حیدرآباد کے مطلق العنان حکمران تھے بلکہ میں اُن کا اس لئے معترف ہوں کہ انہوں نے حیدرآباد کو تہذیب وتمدن اور علم وادب کا ایسا گہوارہ بنادیا کہ آج نہ صرف ہندوستان بلکہ اقوام عالم میں بھی حیدرآباد کا نام ایک مثالی ریاست کی حیثیت سے لیا جاتا ہے اور لوگ اس طرح حیدرآباد کو نہیں دراصل آصفِ سابع کو خراجِ تحسین پیش کرتے ہیں۔

حضورِ نظام حقیقی معنوں میں ترقی پسند حکمراں تھے۔ نظم ونسق اور زرعی وصنعتی زندگی میں حیدرآباد کا جائزہ لیں تو اس کے ثبوت قدم قدم پر مہیا ہوں گے لیکن میں یہاں اُن کی ترقی پسندی کی صرف ایک مثال پیش کرتا ہوں۔ انہوں نے ہندوستان ہی میں نہیں بلکہ دنیا بھر میں سب سے پہلے اپنی ریاست میں ایک علاقائی زبان اردو کو جامعاتی سطح پر ذریعہ تعلیم بنایا کہ مستقبل کا مورخ اس کارنامہ کو بصد ادب واحترام ترقیم کرے گا۔ مذہبی جنون، لسانی تعصب اور سیاسی تنگ نظری کا مظاہرہ کرتے ہوئے اردو بنیاد جامعہ عثمانیہ سے جو سلوک کیا گیا اس سے فی الوقت شکوہ وشکایت بے جا ہے کیونکہ تاریخ پہ گہری نظر رکھنے والے جانتے ہیں کہ اقوام کی زندگی میں ایسے موڑ تو آتے ہی

رہتے ہیں. لیکن آج کا ہندوستان، آصفِ سابع کو بالواسطہ خراج تحسین پیش کرتا اور عقیدت کے پھول نچھاور کرتا ہے کہ اُن کا یہ اقدام ایک جراتمندانہ اور تاریخ ساز اقدام تھا. حکومتِ ہند کے وزیر تعلیم مسٹر تریگونا سین نے گزشتہ دنوں حکومتِ مدراس کے اس اقدام کی ستائش کی کہ وہ تمل کو جامعاتی سطح پر ذریعہ تعلیم بنانا چاہتی ہے۔ جادو وہ، جو سر پر چڑھ کر بولے "آصفی سلطنت کے آخری تاجدار کی ترقی پسندی اور دوراندیشی کا اس سے بڑھ کر اور کیا اعتراف ہوگا. حیدرآباد کا تو تذکرہ کیا؟ ہندوستان میں بھی اردو کا رنگ جو چوکھا ہے وہ آصف سابع کی اردو نوازی اور جودوسخا کی ایک معمولی مثال ہے! حضور نظام نے ہندوستان میں بھی اردو کے قالب میں ایک نئی روح پھونکی اور مسیحائی کے فرائض انجام دیئے. اس طرح وہ حقیقی معنوں میں مغلیہ سلطنت کے جانشین قرار پاتے ہیں.

مجھ کو آصفِ سابع سے ملاقات کا شرف کبھی حاصل نہ ہوسکا. سوائے اس کے کہ سلطنتِ آصفی کے موجودہ جانشین، آصف جاہ ثامن سے، جب کہ وہ مکرم جاہ تھے عید الفطر کے موقع پر ملاقات ہوئی ـــــــ حضور نظام سے ملاقات کا شرف واعزاز حاصل نہ ہونے کے باوجود یہ احساس ہوتا ہے کہ میں اُن سے بارہا ملاقات کرچکا ہوں سیکڑوں مرتبہ!! میں جامعہ عثمانیہ کی پرشکوہ اور باعظمت عمارت میں وہی جمال وجلال پاتا ہوں جو اپنی رعیت سے اپنی اولاد کی طرح محبت کرنے والے حکمران میں ملتا ہے. میں جامعہ کی عمارت کو حضورِ نظام کی اردو نوازی کا نقطۂ عروج اور اردو دوستی کا پیکر کہوں تو غلط نہ ہوگا. میں نے کتنی بار اس عمارت کو دیکھا ہے بتا نہیں سکتا. آج بھی جب اس پُرتقدس عمارت کو دیکھتا ہوں تو میرا سر احتراماً جھک جاتا ہے. میری آنکھیں

نیچی کرلیتا ہوں جیسے مجھ میں اُس کے پُر رعب چہرے سے آنکھیں چار کرنے کی ہمت نہیں۔ زندگی میں آفتاب کی اہمیت سے کون انکار کرسکتا ہے لیکن کون ہے جو آفتاب سے آنکھیں ملاتا ہو۔ جامعہ کی سر بلند و سرفراز عمارت کو دیکھتے ہوئے میرے قدم دھیرے دھیرے اٹھنے لگتے ہیں جیسے اس عمارت کا شکوہ، جلال، دبدبہ، سایہ اور سکون ایک مشفق باپ کی طرح مہربان بادشاہ کا جلال و جمال ہے۔ مجھے اس عمارت سے آصفِ سابع کا پیکر ابھرتا محسوس ہوتا ہے۔ میں پوری احتیاط کے ساتھ آگے بڑھتا ہوں کہ کسی موڑ پر اچانک آصفِ سابع نہ مل جائیں۔ کسی راہداری سے وہ بھی آتے ہوئے دکھائی نہ دیں۔ گویا جامعہ عثمانیہ کے در و دیوار، اس کی فضاؤں میں حضورِ نظام کی روح حلول کرگئی ہو ـــــ روز موسیٰ کی روانی سے مجھ کو آصفِ سابع کی آواز آتی ہے۔ عدالت العالیہ، ایسا محسوس ہوتا ہے جیسے حضورِ نظام معدلت و انصاف کے پیکر میں جلوہ گر ہوں، کتب خانہ آصفیہ، گویا یہ بحر العلوم کی پرچھائیاں ہیں، دواخانہ عثمانیہ جیسے حضورِ نظام آج بھی ہزاروں بیماروں کی چارہ سازی، مسیحائی کر رہے ہوں، ان سب کے لئے ابرِ رحمت بنے ہوئے ہوں۔ حیدرآباد کے گلی کوچوں میں مجھ کو حضورِ نظام کی شخصیت کسی نہ کسی پیکر میں جلوہ گر ملتی ہے یا ہر پیکر میں اُن کی ایک آدھ جھلک دکھائی دیتی ہے۔ حیدرآباد فرخندہ بنیاد کی ہوائیں حضورِ نظام کی مہک سے بھرپور ہیں ـــــ یوں میں نے کئی بار آصفِ سابع سے ملاقات کی ہے۔ ان سے ہمکلام، ہم نوالہ اور ہم پیالہ رہا ہوں جیسے وہ مجھ کو عرصہ سے جانتے ہوں اور میں اُن سے عرصہ سے واقف ہوں۔ ہمیشہ ہمیشہ سے ـــــ اور اس پس منظر میں، میں دیکھتا ہوں، محرم کی ساتویں تاریخ ہے۔ حضورِ نظام پنج بھائی کے الاوہ کو جارہے ہیں۔ میں اپنے بھائی بہنوں

اور دوستوں کے ساتھ اپنے باپ کی انگلی تھامے پُل قدیم کے قریب ایک دوکان پر بیٹھا ہوں: " دیکھو سرکار جارہے ہیں، سرکار...... یہ ہیں........ وہ ہیں" ایک ساتھ آوازیں آنے لگتی ہیں اور میں دیکھتا ہوں' ایک دُبلا پتلا منحنی سا شخص، ترکی ٹوپی اور شیروانی میں ملبوس موٹر میں بیٹھا ہے۔ اس کی ایک جھلک دیکھ پانے سے ہم سب کو کتنی خوشی ہوتی ہے۔ کتنی مسرت، جس کا کوئی حساب نہیں، حد نہیں ____

محرم کی دس تاریخ ہے، پرانی حویلی میں آصف سابع بی بی کے علم کو جھنڈی چڑھا رہے ہیں۔ میں پرانی حویلی کے روبرو واقع عمارت کی دوسری منزل پر ہوں۔ کتنی عقیدت اور کتنے احترام سے وہ جھنڈی باندھتے ہیں۔ مجسم عجز و انکسار! بادشاہ بھی کبھی خود کو رعیت میں شامل کر لیتا ہے میں نے اس وقت ایسا ہی محسوس کیا ہے۔ اور یہ حضورِ نظام ہیں عزاخانہ جارہے ہیں، یہ خلوتِ مبارک جارہے ہیں یہ شاہ سعود کے استقبال کے لئے طیران گاہ تشریف لیجارہے ہیں اور یہ جواہر لال نہرو کے خیر مقدم کے لئے، یہ ___ یہ ___ اور جب بھی میں اپنے بی۔ اے اور ایم۔ اے کی اسنادات کو دیکھتا ہوں تو جامعہ کے مونوگرام میں موجود 'ع' میں مجھے آصف سابع کا چہرہ جھانکتا دکھائی دیتا ہے جیسے کہتا ہو" انسان کا جسم فنا ہوسکتا ہے، اس کے کارنامے نہیں۔ عثمان علی خاں کو موت اپنے آغوش میں لے سکتی ہے (اناللہ وانا الیہ راجعون) لیکن عثمان علی خاں کے کارنامے نہیں مرسکتے۔ آصفِ سابع کے کارنامے نہیں مرسکتے' تاریخ کے صفحات پر یہ ساری یادگاریں رہتی دنیا تک محفوظ رہیں گی۔ اور اپنے مالک کا نام باقی رکھیں گی۔ یہ جامعہ عثمانیہ' یہ عثمانیہ دواخانہ یہ کتب خانہ آصفیہ، یہ ______ یہ ______ لیکن اُس تہذیب

کی بازیافت ممکن نہیں جو آصف سابع کے دم سے، اُن کے وجود سے شاد و شادماں اور آباد تھی۔ آج ایک تہذیب مر چکی ہے آصفِ سابع کی موت، ایک تہذیب کی موت ہے!

(۱۱ اپریل ۱۹۶۷ء)

جامعۂ عثمانیہ مرحوم

جامعہ عثمانیہ کی تاسیس کا تصور کرتے ہی ذہن میں ایک چاندنی سی چھٹک جاتی ہے۔ تخیل لالہ کار ہو جاتا ہے، شعور کی بزم میں کیف و کم کا سماں بندھ جاتا ہے۔ فکر و فن کے دریچوں سے مہک سی آنے لگتی ہے، غرض عالم تمام مطلعِ انوار ہو جاتا ہے۔ اور جب جامعہ کے "دمِ واپسیں" کا خیال آتا ہے تو یوں محسوس ہوتا ہے، شش جہت سے خوفناک اور مہیب آوازیں بلند ہو رہی ہیں۔ آگ سی لگ گئی ہے اور ہر سمت شعلے ہی شعلے ہیں، گویا زمیں سے آسماں تک سوختن کا باب ہے ـــــ جامعہ کی کہانی بس اتنی سی ہے: شفق، جو چند ثانیوں کے لئے اپنی بہار دکھا کر غائب ہو گئی۔ ایک نور کا لہرا کہ جواب رفت گیا' اور بود' تھا' کی تفسیر بنا ہوا ہے۔ ایک مترنم آواز جو فضاء میں بکھری اور کھو گئی۔ ایک حقیقت جس کو افسانہ بنا دیا گیا۔ ایک تعبیر، جواب خواب کا روپ دھار چکی ہے!

ہر ادارہ کسی مقصد کو روبہ عمل لانے کے لئے قائم کیا جاتا ہے اور اس کے مقصدِ معینہ کی تکمیل نہیں ہو پاتی یا وہ اپنے مقصدِ حقیقی سے منہ موڑ کر اور مقاصد میں الجھ جاتا ہے تو گویا وہ اپنی موت آپ مر جاتا ہے وہ بظاہر کاروبار انجام دیتا ہے لیکن حقیقت بین نگاہوں کے نزدیک وہ بے جان ہوتا ہے، اپنی لاش اپنے کاندھوں پر اٹھائے ـــــ جامعہ عثمانیہ کا

بھی یہی حال ہے: آج جامعہ کی سنگین، پرشکوہ اور پُر وقار عمارت، اپنا مرثیہ آپ پڑھتے ہوئے استادہ ہے۔ وہ محوِ حیرت ہے، عالمِ سکتہ میں، ایک سوالیہ نشان بنی ہوئی کہ یہ کیا ہو چکا ہے، وہ کیا تھی اور کیا ہو گئی جیسے اس کی روح پرواز ہو چکی ہے، جیسے اس کی ہر رگِ سنگ سے لہو ٹپک رہا ہے، جیسے —— جیسے —— جیسے ——

پنجشنبہ ۴ رجب المرجب ۱۳۳۵ھ ہجری (۱۹۱۸ء) کو فرمانِ خسروی کے ذریعہ جامعہ عثمانیہ کا قیام عمل میں لایا گیا —— یہ کوئی نادر بات نہیں۔ بیشمار افراد، اداروں اور حکمرانوں نے کئی تعلیمی اداروں، کئی جامعات کو قائم کیا ہے کہ اپنے معاشرہ میں تعلیم کو عام کیا جائے، عوام میں بیداری پیدا کی جائے اور ملکی و قومی ترقیات کے لئے راہیں وا کی جائیں۔ خود ہمارے ملک کی کئی جامعات کی بنا اسی خیال کے پیش نظر ڈالی گئی۔ اگر اسی زاویہ سے جامعہ عثمانیہ کا قیام عمل میں لایا جاتا تو یہ حضرت آصفِ سابع کا کارنامہ نہ ہوتا اور نہ ہی جامعہ کے حق میں انفرادی بات! جامعہ محض اس لئے قائم نہیں کی گئی تھی کہ تعلیم کو عام کیا جائے بلکہ اس کا بنیادی مقصد یہ تھا کہ ریاست کی نئی نسل کی صلاحیتوں کو اجاگر اور اُس کے شعور کو صیقل کیا جائے۔ تعلیم کی ترویج و اشاعت کسی بھی زبان میں کی جا سکتی ہے۔ لیکن طالب علموں کی صلاحیتوں کو زیادہ سے بروئے کار لانا صرف ان کی مادری زبان میں ممکن ہے۔ آج کرۂ ارض پر کون ہے جو اس دعویٰ کو تسلیم نہیں کرتا۔

ہندوستان میں یہ اپنی نوعیت کا پہلا تجربہ، پہلا اقدام تھا جرأتمندانہ والہانہ بلکہ عاشقانہ کہیے! اس آگ میں عشق بے خطر کود پڑا تھا اور خردمند سوچ رہے تھے کہ کیا ایک علاقائی زبان میں جامعاتی سطح پر

تعلیم ممکن ہے ؟ بیشتر انگشت بدندان تھے کہ اردو جیسی "کم مایہ" زبان اور جامعاتی تعلیم ؟ ثبوت حق کے لئے عرصہ درکار نہ ہوا۔ بہت جلد اُردو نے ثابت کردیا کہ وہ اُن تمام صلاحیتوں کی حامل ہے جو اعلیٰ تعلیم کے لئے ضروری ہیں۔ دارالترجمہ قائم ہوا اور تدوینِ اصطلاحات کا کام بھی شروع ہوا وہ مہم جو جمہوری حکومتیں اور زیادہ وسائل رکھنے کے باوجود برسوں میں سرانجام نہیں دے سکیں، ایک شاہی حکومت نے جلد ہی اور کامیابی کے ساتھ اپنی منزل کو پالیا۔ آرٹس اور کامرس ہی کیا، طب ، انجینئرنگ اور جملہ سائنسی علوم کی تعلیم اسی اردو میں دی جانے لگی جو آج اپنوں میں غیر اور اپنے وطن میں اجنبی بنی ہوئی ہے اور جس کی عظمت و رفعت اور شوکت و حشمت سے مجرمانہ انکار کیا جارہا ہے۔ یہ تجربہ کہاں تک کامیاب ہوا اس خصوص میں کچھ کہنے کی ضرورت نہیں۔ ہر اُس شخص نے جو تعلیم کے مقصد اور منہاج کو صحیح طور پر سمجھا ہے اس کا کھلے دل سے اعتراف کیا ہے۔ اور آج جب کہ علاقائی اور مادری زبانوں میں تعلیم کی باتیں زور و شور اور جوش و جذبہ سے کی جارہی ہیں، دوست دشمن سب اردو اور جامعہ عثمانیہ کا حوالہ دیئے بغیر اپنے موقف کو مضبوط نہیں پاتے۔ علاقائی اور مادری زبان میں تعلیم پر زور دیتے ہوئے آج بھی یہی دلیل دی جاتی ہے کہ طالب علم، تعلیم سے اُسی وقت زیادہ اور بہتر استفادہ کرسکتا ہے جب کہ اس کی مادری زبان میں تعلیم دی جائے۔ جب بات یہی ٹھہری تو سوال یہ پیدا ہوتا ہے کہ ایک قومی زبان کو جو ایک بھاری اقلیت (جس کو ملک کی دوسری بڑی اکثریت کہنا زیادہ صحیح ہوگا) کی مادری زبان بھی ہے اور جس کے بولنے والے ملک کی کئی علاقائی زبانوں کے بولنے والوں سے

کہیں زیادہ ہیں، ذریعہ تعلیم کی حیثیت سے کیوں ختم کردیا گیا؟ اردو کو جامعہ عثمانیہ میں اسی منزل سے گزرنا پڑا ہوگا جس منزل سے کہ سقراط کو زہر کا پیالہ پیتے ہوئے اور یسوع مسیح کو صلیب پر دوچار ہونا پڑا ہوگا۔

آج ملک میں آزادی کے (۲۱) سال بعد علاقائی زبانوں میں تعلیم کا رجحان ترقی پاتا جارہا ہے تو اردو کو جب یہ موقع حاصل تھا اور وہ کامیابی کے ساتھ اپنی ذمہ داریوں سے عہدہ برآ ہورہی تھی اس کا حق کیوں سلب کردیا گیا؟ آج اردو ذریعہ تعلیم کے اس شاندار اور قابل فخر تجربے کو سراہتے ہوئے کیا اپنے اور کیا غیر، کوئی نہیں تھکتے۔ اس سلسلے میں اردو کی مثال اُس وقت پیش کی جاتی ہے جب مادری اور کسی علاقائی زبان میں تعلیم کی اہمیت جتانی مقصود ہوتی ہے لیکن اس کا جواب دینے کی کسی میں جرأت نہیں کہ جب اردو کا تجربہ کامیابی کے ساتھ جامعہ عثمانیہ میں کیا جارہا تھا اس کا گلا گھونٹنے کی کیا ضرورت تھی؟ اردو کو اسی کے وطن میں بے وطن کرنے کا کیا موقع تھا؟ یہ اردو ہی کے حق میں ناانصافی نہیں، جمہوریت کے گلے پر بھی چھری تھی لسانی اقلیتوں کے ساتھ مساوی برتاؤ کے بلند بانگ دعوؤں کی تکذیب، عمالی اقتدار کا قتل، اور وہ سب کچھ جو ایک متمدن اور مہذب سماج کے ماتھے پر کلنک کا ٹیکہ قرار دیا جاسکتا ہے، ایک مکروہ داغ!۔۔۔۔۔

بعض حلقوں میں سمجھا جاتا ہے کہ اردو کو دستور کی مسلّمہ زبانوں میں شامل کیا گیا گویا اس کو اس کے حق سے بڑھ کر دیدیا گیا۔ یونین پبلک سروس کمیشن کے امتحانات میں اردو میں جوابات لکھنے کی سہولت دیکر گویا سخاوت کی انتہا کردی گئی اور پھر ادھر ادھر اردو والوں کے لئے

تھوڑا بہت جو ہو جاتا ہے بس اردو والوں کے لیے اور کیا رعایات دی جا سکتی ہیں ؟ ان سب کی حقیقت اس کے سوائے اور کچھ نہیں کہ صیاد نے پر کتر کے طائر اردو کو قفس سے آزاد کر دیا ہے۔ اردو کے لئے کبھی کبھار دی جانے والی رعایات اول تو ملک کے ان گنے چنے علاقوں میں دی جاتی ہیں جہاں اردو والے اپنی آواز بلند کرنے کے قابل ہیں۔ جہاں اُن میں ابھی کچھ دم خم باقی ہے۔ لیکن یہ رعایات بھی ہوتی ہیں مبہم اور موقتی! کیوں کہ ان کو کوئی قانونی صورت حاصل نہیں ہوتی۔ شمال کی کئی ریاستوں میں جہاں اردو کے لئے جو بھی کیا جاتا کم ہوتا۔ آج تک کچھ نہیں کیا گیا ہے اور ادھر جنوب میں ریاست آندھرا پردیش کے زبان کے قانون میں اردو کا تذکرہ نامکمل اور ہزاروں وضاحتوں کا طالب ہے۔ یونین پبلک سروس کمیشن کے امتحانات میں اور زبانوں کے ساتھ ساتھ اردو میں بھی جوابات لکھنے کی گنجائش فراہم کر کے گویا اپنے طور پر لسانی مساوات کی اونچی مثال قائم کر چکے ہیں لیکن اردو والوں کو اس سے فزوں اور کیا فریب دیا جا سکتا ہے ؟ اردو میں جب کہ اعلی تعلیم کے مواقع ہی محدود کر دیئے گئے ہیں بلکہ اگر موجودہ پیشرفت جاری رہے تو اردو تعلیم کا میدان اور کوتاہ ہو جائے گا۔ ظاہر ہے اس پیچ وخم میں مستقبل میں یونین پبلک سروس کمیشن کے امتحانات میں اردو میں جوابات کون تحریر کرے گا اور اگر تحریر کئے بھی جائیں تو تحریر کرنے والوں کی تعداد انگلیوں پر شمار کی جا سکے گی۔ اردو تعلیم کے مواقع ایک طرف تو ختم کر دیئے جائیں اور دوسری طرف کمیشن کے امتحانات میں سہولتیں ؟ اردو والوں سے ایسے مذاق کئے ہی نہ جائیں تو زیادہ مناسب ہے۔ کمیشن میں اردو میں جوابات کی گنجائش پر ارباب بست و

وکشاد کی ستائش اُس وقت کی جاسکتی تھی اور جمہور نوازی' اقلیت دوستی اور مساوات کے دعوے اس وقت قابلِ قبول ہوتے جب کہ مدارس کالجوں اور جامعات میں اردو تعلیم کے مواقع موجود ہوتے۔ یہاں تو ایک ایک مدرسے اور کالج سے اردو کو دیس نکالا دیا جارہا ہے اور جامعات میں اردو تعلیم محدود کی جارہی ہے۔ ایسی مہربانی اور نامہربانی میں امتیاز ہی کیا ؟ جنوں کا نام خرد پڑ گیا' خود کا جنوں' جو چاہے آپ کا حُسن کرشمہ ساز کرے۔

اب رہا یہ کہ دستور کی مسلمہ زبانوں میں اردو بھی شامل ہے' ایک عجیب سی بات ہے۔ اردو کی راہ میں جب کہ نیچی سطحوں پر ان گنت دشواریاں پیدا کی جارہی ہیں اور عملاً اس کو اس کا حق نہیں دیا جارہا ہے' دستور کی مسلمہ زبانوں میں اس کا وجود اور عدم کیا معنی ؟ سچ پوچھیے تو حکومت کی لسانی پالیسی ایک ایسی جھوٹی قسم ہے جس کو اردو والوں کا ایمان بنانے کی کوشش کی جارہی ہے۔ ایک زہر ہے جو بنام آبِ حیات پیش ہے۔

یوں تو ملک کے تمام حصوں میں لیکن حیدرآباد اور جامعہ عثمانیہ میں خصوصیت کے ساتھ اردو سے ایسا سلوک ایک سوالیہ نشان اور ایک لمحۂ فکر ہے ! معمولی سے معمولی اخلاقی نقطۂ نظر سے بھی یہ بات روا نہیں رکھی جاسکتی کہ ایک ایسی جامعہ میں جو اردو بنیاد ہے اردو ہی کو حرفِ غلط کی طرح مٹایا جارہا ہے۔ سیاسی مصالح موقتی ہوتے ہیں۔ آنی وفانی ! اخلاقی قدریں ' دیرپا' اٹل اور آفاقی ہیں۔ تاریخ شاہد ہے کہ کل کے سیاستداں ' آج اور آج کے سیاستداں' کل مجرم قرار دیے گئے ہیں لیکن اخلاقی قدریں خواہ کل کی ہوں یا آج کی ہر دور میں محترم رہی ہیں ہر معاشرہ میں اور ہر وقت اُن کو سینے سے لگایا گیا ہے' سر آنکھوں پر رکھا گیا ہے۔ اگر ہم تاریخ کے

ان صفحات کو نظرانداز کردیں تو مستقبل ہم سے کیا سلوک کرے گا. کس طرح پیش آئے گا اس کا قیاس کیا جاسکتا ہے. کرنا چاہیے کوئی عجب نہیں بہت جلد ریاست کی دیگر جامعات کی طرح جامعہ عثمانیہ میں بھی تلگو ذریعہ تعلیم قرار دیا جائے. تلنگی ریاست کی سرکاری زبان ہے، اس کو اس کا حق دیا جانا چاہیے لیکن آیا یہ ایک تہذیبی اور لسانی سانحہ نہ ہوگا کہ جامعہ عثمانیہ میں تلنگی ذریعۂ تعلیم کے بعد اردو کے مواقع محدود تر ہوجائیں گے. لسانی جمہور نوازی اور انصاف تو اس امر کے متقاضی تھے کہ ریاست کی تین جامعات میں سے ایک کو اردو جامعہ قرار دیا جائے لیکن اردو والوں کی اس سادہ لوحی کے کیا کہنے کہ ان کو ان سے وفا کی امید ہے جو نہیں جانتے وفا کیا ہے اردو جامعہ کے امکانات تو کجا' پہلے تو ارباب یونیورسٹی کی جانب سے ایسے تیقنات دیئے گئے تھے کہ زنانہ کالج کے علاوہ ایک اور یونیورسٹی کالج میں اردو ذریعۂ تعلیم کی جماعتیں ہوں گی لیکن اب ایسے تیقنات بھی اپنی موت آپ مرچکے ہیں اور غالباً ارباب حل وعقد یہ موقف اختیار کرچکے ہیں یا کرنیوالے ہیں کہ یونیورسٹی کے کالجوں میں اردو ذریعۂ تعلیم کی جماعتوں کا سوال خارج از بحث ہے. ہاں اردو والے مساعی کریں تو اصول وضوابط کی روشنی میں تعاون کیا جائے گا. کیا عصر حاضر میں اس سے بڑا لسانی المیہ ممکن ہے ؟ آج گولڈن جوبلی کی بات حاشیۂ خیال میں بھی نہ آتی اگر اردو ذریعۂ تعلیم کے مقصد وحید کو ملحوظ رکھتے ہوئے جامعہ عثمانیہ کا قیام عمل میں لایا نہ جاتا. لیکن آج اردو سے وہ سلوک کیا جارہا ہے کہ جس قدر ماتم کیا جائے کم ہے !

اس پس منظر میں ہر اردو دوست اس استفسار کا حق محفوظ رکھتا ہے کہ

آج کس جامعہ کی طلائی جوبلی منائی جارہی ہے؟ اگر یہ جوبلی تقاریب، اس جامعہ کی ہیں جس کے نام میں لفظ "عثمانیہ" شامل ہے، جس کے مونوگرام میں اور سب ختم کرکے بادلِ ناخواستہ صرف "ع" رکھا گیا ہے اور باب الداخلہ میں سامنے شکستہ حال مونوگرام موجود ہے، جس کے سینٹ ہال میں آج بھی حضورِ نظام اور سر اکبر حیدری کی تصاویر موجود ہیں، جس کی پرشکوہ عمارت آج بھی مضبوط و مستحکم ہے تو کچھ کہنے کی ضرورت نہیں۔ لیکن اگر آج اردو بنیاد جامعہ عثمانیہ کی طلائی جوبلی تقاریب منائی جارہی ہیں جس کی تاسیس ۱۹۱۸ء میں عمل میں آئی تھی تو یہ گولڈن جوبلی منانے والوں کی غلط فہمی ہے۔ وہ اردو بنیاد جامعہ تو کبھی کے سیاسی انقلاب کے نتیجے میں پیدا ہونے والی لسانی جارحانہ عصبیت کی شکار ہو چکی ہے۔ اس کا کبھی کا قتل کیا جا چکا ہے۔ وہ مرحوم ہو چکی ہے؛

إِنَّا لِلّٰهِ وَإِنَّا إِلَيْهِ رَاجِعُونَ ○

(یکم اکتوبر ۱۹۹۸ء)

زورؔ صاحب

میں چادر گھاٹ کالج میں انٹرمیڈیٹ کے دوسرے سال کا طالب علم تھا ـــــ ۱۴ ر اگست ۱۹۵۳ء کی بات ہے۔ کالج کے شناختی کارڈ پر مجھ کو پرنسپل صاحب کے دستخط لینے تھے۔ زور صاحب پرنسپل تھے میں ان کے اجلاس پر جا پہنچا۔ انہوں نے شناختی کارڈ پر دستخط کر دیئے۔ اُس وقت اتفاق سے آٹو گراف بُک بھی میرے پاس تھی، میں نے زور صاحب کے آگے بڑھادی۔ انہوں نے میری اس حرکت " پر مجھے کچھ اس طرح دیکھا کہ میں مسکرائے بغیر نہ رہ سکا۔ زور صاحب نے بغیر کچھ کہے آٹو گراف بُک پر لکھ دیا "ہمیشہ مسکراتے رہو" اور پھر خود بھی مسکرانے لگے۔ زورؔ صاحب کی یہ دعا آج بھی میرے آٹو گراف بک پر ہی نہیں، میرے لبوں اور میرے چہرے پر موجود ہے۔ میری زندگی میں بھی ـــــ

۱۴ ر اگست ۱۹۵۳ء سے پہلے اور بعد میں نہ جانے کتنی بار زور صاحب سے مل چکا ہوں لیکن زور صاحب کا وہ مسکراتا چہرہ، بیشتر اوقات مجھ کو یاد آتا ہے آج بھی یاد آرہا ہے ـــ کشادہ پیشانی، بڑی بڑی آنکھیں جن سے فراست ٹپک رہی ہو اور بقول جوشؔ ملیح آبادی " جن میں آبائی امارت کا خمار پوشیدہ ہو"، ستواں ناک، چوڑی تھوڑی، اپنے بال، متوسط میانہ ابھرے ہوئے رخسار، سرخ و سپید رنگ اور مجموعی طور پر وجیہ

مسکراتا چہرہ!

۲۴ ستمبر ۱۹۶۲ء کو رات میں "رہنمائے دکن" میں مقامی صفحہ کی ترتیب کا کام کر رہا تھا۔ روزنامہ "سیاست" کے جناب محبوب حسین جگر نے فون پر دریافت کیا "کیا زور صاحب کے بارے میں کوئی اطلاع آئی ہے؟" میں نے نفی میں جواب دیتے ہوئے دریافت کیا "کیسی اطلاع! کیا کوئی خاص بات ہے؟" جگر صاحب نے کہا "ہاں! بہت بری خبر ہے" ــــ میں نے مزید کچھ پوچھنا مناسب خیال نہیں کیا۔ "بری خبر" ٹیلیفون رکھتے ہوئے میں سوچنے لگا "خدا نہ کرے کوئی ایسی ویسی بات ہو۔ ابھی میں نے ٹیلیفون رکھا ہی تھا کہ پھر ٹیلیفون کی گھنٹی بجی۔ میں نے رسیور اٹھایا: "ہلو! کیا منظور صاحب ہیں؟" جناب ام۔ام۔ ہاشم بات کر رہے تھے: میں نے کہا: "جی نہیں، منظور صاحب نہیں ہیں کہئے، آپ کیا فرمانا چاہتے ہیں؟" ہاشم صاحب کہنے لگے! "مجھے کچھ دیر قبل وزیر اعظم کشمیر بخشی غلام محمد نے ذریعہ ٹرنک کال اطلاع دی ہے کہ زور صاحب چل بسے ــــ" "زور صاحب چل بسے ــــ" میں ہاشم صاحب کے الفاظ دہرایا ــــ ٹیلی فون کا سلسلہ منقطع ہوچکا تھا اور میرے ذہن کے پردے پر زور صاحب کا وہی چادرگھاٹ کالج کا چہرہ متحرک تھا۔ وہی مسکراتا چہرہ! جیسے وہ میرے استعجاب پر مسکرا رہے ہوں! ــــ کیسے یقین کروں کہ زور صاحب کا انتقال ہوچکا ہے۔ کچھ سمجھ میں نہیں آرہا تھا۔ اور پھر کیسے انتقال ہوا کب انتقال ہوا اخبار میں یہ سب دینا ضروری تھا۔ تفصیلات جاننے کے لئے دربار کشمیر سے ٹرنک کال پر ربط پیدا کرنے کی کوشش کی گئی لیکن لاحاصل ہے کیونکہ معلوم ہوا کہ موسم خراب

ہے ــــــ ایک بجے رات میں پی ۔ ٹی ۔ آئی نے اطلاع دی کہ قلب پر حملہ کے سبب موت واقع ہوئی ہے۔ کیا ایسے لوگوں کا پیمانۂ زندگی بھی اس قدر جلد لبریز ہوسکتا ہے۔ زور صاحب چل بسے کہ نہیں ' ایک تحریک چل بسی' ایک ادارہ چل بسا' بلکہ ایک عہد چل بسا۔ کسی نے اردو زبان کو لوٹ لیا۔ حیدرآباد کی ادبی تاریخ کا ایک باب ختم ہوگیا۔ دکن کا ایک متوالا' ایک عاشقِ زار نہ چلا گیا ــــــ آہ، یہ کیا ہوگیا ـــ یہ کیوں ہوگیا۔ ـــ کیوں ہوگیا !! آہ !

رشید احمد صدیقی نے لکھا ہے کہ مغل سلطنت نے ہندوستان کو تین چیزیں دی ہیں "تاج محل' اردو اور غالب ! "میرا خیال ہے آصف جاہی سلطنت نے حیدرآباد کو دو چیزیں دی ہیں۔ جامعہ عثمانیہ اور ڈاکٹر زور ــــــ زور صاحب بڑی بانکی شخصیت کے حامل تھے۔ اُن کا اندازِ گفتگو' اُن کا چلنے کا انداز' پان کھانے کا قرینہ، ان کے لباس کی سج ـــ وہ دکنی تہذیب کا زندہ مرقع تھے، ان صوری حیثیتوں کے علاوہ زور صاحب کو دکن سے بس ایک لگاؤ تھا، جذباتی لگاؤ ــــــ میں سمجھتا ہوں دکنی زبان وادب کے تعلق سے اُن کی تحقیقات اور تنقیدات میں یہی جذباتی وابستگی کارفرما تھی ۔ ـــ بعض لوگ اس گمرہی کا شکار ہیں کہ اردو نہ صرف شمالی ہند میں پیدا ہوئی بلکہ وہیں پھلی پھولی بھی زور صاحب کو بجا طور پر اس سے اختلاف تھا۔ ان کا نظریہ یہ تھا کہ اردو بلاشبہ شمالی ہند میں پرپا جوئی ہے لیکن اس کی نشو ونما دکن میں ہوئی۔ اردو کو دکن والوں نے سجایا اور سنوارا اور یہیں اس کے ابتدائی ادبی شاہکار منظر عام پر آئے۔ اپنے اس نظریہ کو ثابت کرنے کیلئے انہوں نے

دکنی ادب کے ان گوشوں کو روشن کیا جن کا خواب میں بھی خیال نہیں آسکتا تھا۔ انہوں نے دکنی ادب کی قدامت اور عظمت کا لوہا نہ صرف ہندوستان کی دیگر علاقائی زبان والوں سے منوایا بلکہ یورپ کے مستشرقین کو بھی اعتراف کرنے پر مجبور کیا۔ زور صاحب نے دکن کے قدیم ادبی کارناموں کو اپنی تحقیقات کے ذریعہ نہ صرف حیاتِ جاودانی بخشی بلکہ اس حقیقت کو بھی برافگندہ نقاب کیا کہ دکن میں اردو کی تاریخ سیکڑوں برس کی ہے۔ دکنی ادب کے تعلق سے اگر زور صاحب میں یہ جذبہ اور لگن نہ ہوتی تو کون کہہ سکتا ہے کہ ولی اورنگ آبادی سے ایک ڈیڑھ صدی قبل کا جو ادبی سرمایہ آج ہماری دسترس میں ہے، وہ آج موجود ہوتا۔ انہوں نے نہ صرف مری ہوئی دکنی زبان کو حیات دی اور گمشدہ دکنی ادب کو دریافت کیا بلکہ دکن کی مٹتی ہوئی تہذیب کو بھی جِلا بخشی۔

قطب شاہی سلاطین کے نام تاریخ میں بلاشبہ محفوظ رہتے لیکن اُن کے ادبی کارناموں کو علٰحدہ کر دیا جائے تو کتنے ہیں جو محمد قلی قطب شاہ اور سلطان عبداللہ قطب شاہ سے واقف ہوتے۔ دکن سے زور صاحب کو کتنی محبت تھی اس کا اندازہ اس امر سے لگایا جا سکتا ہے کہ اُن کی شاید ہی کوئی کتاب اور بہت کم مضامین ایسے ہوں گے جن میں انہوں نے دکن یا دکن کے کسی ادیب و شاعر کا تذکرہ نہ کیا ہو۔ انھوں نے اپنی تحقیق و جستجو سے کئی شاعروں اور ادیبوں کو منظرِ عام پر لایا دکن کے مختلف علاقوں میں گھوم پھر کر کتنے ہی شاعروں اور ادیبوں کے مقابر اور مزاروں کا تعین کیا اور اُن پہ کتبے نصب کئے۔

ایک طرف تو زور صاحب کو دکن اور دکن کی زبان سے اتنا غیر معمولی عشق تھا لیکن جب یہ اطلاع ملی کہ انھیں سری نگر میں مسجد حضرت بلؒ کے صحن میں

سپردخاک کیا گیا تو بے اختیار ظفر کا یہ شعر زبان پر آگیا ؎

کتنا ہے بدنصیب ظفر دفن کے لئے
دو گز زمین بھی نہ ملی کوئے یار میں

زور صاحب کو ادب اور خصوصاً دکنی ادب پر زبردست ملکہ حاصل تھا بلکہ یہ کہہ لیجئے کہ دکنی ادب میں اُن کی خدمات حرفِ آخر کی حیثیت رکھتی ہیں۔ تحقیق و جستجو کی اُن کی لگن اپنی مثال آپ تھی وہ ہمیشہ گرمِ دمِ جستجو رہے۔ اپنے قیام یورپ کے دوران انہوں نے جہاں جہاں اردو کی مخطوطات ملیں ان کا گہرا مطالعہ کیا اور اپنے کام میں لایا۔ انہوں نے اردو کی خدمت اس وجہ سے نہیں کی کہ وہ اردو کے پروفیسر اور صدر شعبہ رہے بلکہ اس لئے کہ اردو کی خدمت اُن کے مزاج اور ان کی نطرت میں داخل تھی۔ انہوں نے اپنی زندگی کا ایک ایک پل اردو کے لئے وقف کردیا تھا۔ وہ زندگی بھر اردو کی خدمت کرتے رہے۔ انہوں نے آنکھ کھولی بھی تو ایسے ماحول میں جو "اردو ماحول" تھا اور آنکھ بند بھی کی تو ایسی ریاست میں جس کی سرکاری زبان اردو ہے۔ اُن کا سب سے عظیم الشان کارنامہ ادارۂ ادبیاتِ اردو کا قیام ہے جس کو انہوں نے ۱۹۳۱ء میں قائم کیا تھا۔ انہوں نے ادارہ کے لئے سب کچھ وقف کررکھا تھا وہ ادارہ کے کام سے کبھی غافل نہ رہے۔ خواجہ حمید الدین صاحب شاہد ہوں یا وقار خلیل صاحب، زور صاحب حیدرآباد سے کبھی باہر گئے ہوں، انہوں نے اِن افراد اور دوسروں سے ادارہ کے شب و روز سے برابر آگہی رکھی۔ زور صاحب اور ادارے کے مابین کچھ ایسا رشتہ قائم ہوچکا تھا کہ دونوں لازم و ملزوم ہوکر رہ گئے تھے۔ ایک کے بغیر دوسرے کا تصور ہی نہیں کیا جاسکتا تھا۔

آج ادارۂ ادبیاتِ اردو حیران و پریشان ہے کہ اس کا والی کہاں ہے، قلعۂ گولکنڈہ کے کھنڈر سر بگریباں ہیں کہ اُن کے شاہوں کو لبِ دار زمِ موت "زندگی" دینے والا آج خود موت سے ہمکنار ہو چکا ہے۔ ادارۂ ادبیات اردو کی مخطوطات، اس کا قیمتی کتب خانہ، ایوانِ اردو اور اردو میوزیم — زور صاحب اگر ایک لفظ بھی تحریر نہ کرتے تب بھی یہ کارنامے زور صاحب کے نام کو حیاتِ دوام عطا کرنے کے لئے کافی تھے۔ زور صاحب کو جنوبی ہند میں وہی مرتبہ حاصل تھا، ہے اور رہے گا جو سر سید کو شمالی ہند میں حاصل تھا، ہے اور رہے گا۔

زور صاحب بڑے باعمل انسان تھے۔ بیشتر فنکار خاصے لاابالی اور بے پروا انسان ہوتے ہیں۔ ان کا عمل نہ ہونے کے برابر ہوتا ہے۔ وہ صرف گفتار کے غازی ہوتے ہیں۔ لیکن زور صاحب میں ایسی بات نہیں تھی۔ یہ صحیح ہے کہ وہ وضع قطع کے اعتبار سے بڑے ہی شاعر قسم کے انسان نظر آتے تھے۔ وہ کبھی شاعر بھی تھے اور اب کشمیر پہنچنے کے بعد انہوں نے پھر غزل گوئی آغاز کر دی تھی۔ وہ معروف تو اپنے تخلص سے رہے ہی — لیکن اُن کی زندگی انتہائی متوازن، باسلیقہ اور شائستہ تھی، انہوں نے علم اور عمل کے درمیان واقع خلیج کو پاٹ دیا تھا وہ جس کام کا ارادہ کرتے اس کو انجام دے کے رہتے — لندن میں انہوں نے پی۔ ایچ۔ ڈی کا سہ سالہ نصاب، دو سال میں مکمل کر لیا تھا اور ایک سال یونہی ضائع کرنے کی بجائے انہوں نے جرمنی میں کافی تحقیقاتی کام انجام دیئے۔ حیدرآباد میں جو اصحاب زور صاحب سے قریب رہے ہیں وہ اُن کے فعال اور باعمل ہونے کا اندازہ لگا سکتے ہیں۔ ادارہ ادبیاتِ اردو، ایوان

اردو اور ماہنامہ "سب رس" زور صاحب کے باعمل ہونے کے دستاویزی ثبوت ہیں ـــــ چادر گھاٹ کالج میں بھی وہ ہماری کلاس لیتے ہوئے بھی خاصے مصروف ہوتے ادھر طلبہ کو کوئی شعر یا کوئی عبارت سمجھائی جا رہی ہے۔ ادھر کالج کے کلرک، دیگر عہدیدار اور بعض غرض مند آ رہے ہیں اُن کی طرف بھی توجہ دی جا رہی ہے۔ حمید الدین صاحب شاہد یا حامد صدیقی صاحب بیٹھے ہوئے ہیں اُن سے ادارہ ادبیات یا کسی اور موضوع پر بات چیت بھی ہو رہی ہے اور اُدھر ٹیلی فون پر کسی نہ کسی سے گفتگو بھی ہو رہی ہے ـــــ اُن کی زندگی تھی ہی ایسی مصروف! پان اُن کے لئے ایندھن کا کام کرتے تھے۔ گھر ہو یا کالج پاندان اُن کے ہمراہ ہوتا۔ وہ یکے بعد دیگرے پان کھاتے جاتے اور کھلاتے بھی۔

زور صاحب سحر انگیز شخصیت کے مالک تھے۔ اُن کی شخصیت میں بلا کی مقناطیسیت پائی جاتی تھی۔ کسی شخص کو اپنا بنانے میں اُن کو کمال حاصل تھا۔ اُن کے دوست ہوں یا دشمن اپنے ہوں یا بیگانے کوئی ایسا نہیں تھا جو اُن کی شخصیت سے مسحور نہ ہوا ہو۔ بظاہر وہ مغرور اور خود پسند دکھائی دیتے۔ چند ایک کو شکایت ہے کہ اُن کا برتاؤ غیر شاعرانہ ہوتا تھا لیکن جن اصحاب کو زور صاحب سے زیادہ ملنے کا اتفاق ہوا ہے وہ گواہی دیں گے کہ اُن میں غرور و تمکنت کا شائبہ بھی نہیں تھا وہ انتہائی بامروت، خوش خلق، نرم دل، مرنجان مرنج اور بڑی رواداری کے آدمی تھے۔ انھیں دنیاوی عیش و عشرت کے سامان میسر تھے وہ خاندانی آدمی تھے۔ یورپ سے بڑی بڑی ڈگریاں لے آئے تھے۔ کئی معیاری اور بلند پایہ کتب کے مصنف، مولف اور

مرتب تھے۔ عصر حاضر کے صف اول کے لوگوں سے اُن کے دوستانہ مراسم تھے لیکن اُن سے بات کرتے ہوئے کبھی بھی اس کا احساس نہیں ہوتا تھا کہ ہم کسی "بڑے آدمی" سے محوِ گفتگو ہیں۔ وہ یوں مصنوعی 'بڑے پن' سے لوگوں کو مرعوب کرنا نہیں چاہتے تھے بلکہ اُن کا رویہ لوگوں کو اُن کی طرف متوجہ ہونے پر مجبور کرتا تھا۔ زور صاحب کی یہ ایک اہم خصوصیت تھی۔ اسی کا نتیجہ کہنا چاہتے کہ انہوں نے بعض بڑی بڑی شخصیات کو جن میں سے کئی کا اردو سے کوئی تعلق نہیں رہا۔ اردو سے ہمدردی اور خدمت پر مائل کیا۔ مجلس اشاعتِ دکنی مخطوطات کے قیام کے لئے سالا۔ جنگ کو زور صاحب ہی نے آمادہ کیا تھا۔ موجودہ مرکزی وزیر نشریات و اطلاعات حکومت ہند ڈاکٹر بی۔ گوپال ریڈی کو اردو کا جو ذوق ہے، وہ زور صاحب ہی کا پیدا کردہ ہے۔ نہ جانے اور ایسے کتنے افراد ہوں گے۔ یہی نہیں زور صاحب نے دکن کے نوجوانوں میں خود اعتمادی اور ذوقِ عمل پیدا کرنے میں غیر معمولی حصہ ادا کیا ہے۔ آج حیدرآباد میں اردو کے جتنے بھی اساتذہ، طالب علم اور خدمت گزار ہیں تقریباً ان سب نے زور صاحب سے کسی نہ کسی طرح سے فیض اٹھایا ہے۔ گذشتہ ربع صدی سے زیادہ عرصہ میں حیدرآباد کی اردو کی تہذیبی تاریخ میں زور صاحب نے ہیرو کا کردار ادا کیا ہے۔ اردو اور اردو والوں پر زور صاحب کے احسانات کی فہرست طویل ہے۔ اتنی طویل کہ نہ تیار کی گئی ہے اور نہ شاید تیار کی جاسکے۔ اقبال کا شعر ؎

نظر بلند، سخن دلنواز، جاں پرسوز
یہی ہے رختِ سفر، میر کارواں کیلئے

زور صاحب پر پوری طرح صادق آتا ہے۔ انہوں نے اپنے احباب

اور شاگردوں کے بالتخصیص کام آنے کی کوشش کی وہ طلبہ سے صرف نصاب کی حد تک ہی نہیں نجی معاملات میں بھی ربط رکھتے تھے۔ انھیں مشورہ دیتے اور خود سے طلبہ کا جو بھی کام ہوتا فراخدلی سے کرتے۔ گزشتہ سال (غالباً) الہ آباد میں انہیں کسی میٹنگ میں شرکت کرنی تھی۔ کشمیر سے وہ الہ آباد گئے تھے اور ایسے ہی حیدرآباد بھی آئے۔ اس مختصر قیام حیدرآباد کے دوران اُن سے ملنے والوں میں' میں بھی تھا۔ دوران گفتگو میں انہوں نے بتایا کہ یہاں آئے انہیں چند روز ہی ہوئے ہیں اور ابھی تک تقریباً دو سو تعارفی اور سفارشی خطوط وہ لکھ چکے ہیں۔ ایک ایسے مرنجے اور مصروفیات کا انسان لوگوں کے یوں کام آئے' بہت کم افراد میں یہ بات پائی جاتی ہے۔

زور صاحب اردو کے تعلق سے کبھی بھی مایوس نہیں رہے جبکہ آج اردو کے کئی ممتاز ادیب و شاعر اور اونچے درجات کے افراد اردو کے مستقبل سے ناامید ہیں۔ زور صاحب غالباً اس لئے بھی مایوس نہ تھے کہ زندگی کے بارے میں بھی اُن کا نقطۂ نظر رجائیت کا حامل تھا۔ ایک مرتبہ جب کہ میں بی۔اے میں تھا۔ انہوں نے کہا کہ اس کے بعد اردو میں ام۔اے کرلو۔ میں نے جواب میں اردو کے حالِ زار کی سمت اشارہ کیا۔ کہنے لگے حیدرآباد میں نہ سہی، کہیں اور سہی ـــ اردو کا مستقبل شاندار ہے!

زور صاحب محقق، مورخ اور نقاد کی حیثیت سے شہرت رکھتے ہیں لیکن اُن کی تحریر بے رنگ، روکھی پھیکی' ناہموار اور سپاٹ نہیں۔ ان کی تحریر میں شگفتگی، سلاست، روانی' زبان و بیان کا زور' الفاظ کی نشست و برخاست کی خوبصورتی اور معنوی حُسن پایا جاتا ہے۔ انھوں نے

اپنی پہلی کتاب روحِ تنقید " (جو اردو میں اپنے موضوع پر پہلی کتاب ہے) ۱۹۲۵ء میں شائع کی تھی جب کہ وہ بی۔اے کے طالب علم تھے۔ اپنی تصانیف کے سلسلے میں اُن کو ہندوستان ہی میں نہیں ہندوستان کے باہر بھی بہت زیادہ سراہا گیا۔ کئی جامعات کے نصاب خاص طور پر ام۔اے کے نصاب میں اُن کی کئی کتابیں شامل ہیں۔ اُن کی کتب کی قدرو منزلت کبھی کم نہ ہوگی۔ قیام یورپ کے دوران اپنے یورپی اساتذہ سے بھی انہوں نے اپنی قابلیت کا خراج وصول کیا۔ اُن کا شمار ہندوستان کے محترم ماہرین لسانیات میں ہوتا ہے۔ اردو کے تو وہ ابتدائی ماہرین لسانیات میں شمار ہوتے ہیں۔ وہ عالمی صوتیاتی انجمن (انٹرنیشنل فونیٹک اسوسی ایشن) کے رکن تھے۔ اور ہندوستان کی نمائندگی کرتے تھے۔

زور صاحب کی تخلیقات کی فہرست طویل ہے۔ انہوں نے کم و بیش (۵۰) کتابیں تو لکھی ہوں گی جن میں ہر طرح کی کتابیں شامل ہیں۔ رسالے جرائد میں شائع ہونے والے مضامین ان کے علاوہ ہیں۔ اُن کی کتابوں میں انگریزی میں ہندوستانی صوتیات " اور فرانسیسی میں " تعریفِ خوب ترنگ " شامل ہیں۔

زور صاحب ۸ رمضان ۱۳۲۳ھ میں پیدا ہوئے۔ انہوں نے ۱۹۲۵ء میں بی۔اے اور ۱۹۲۷ء میں ام۔اے کیا۔ اگست ۱۹۲۰ء میں حکومت کے وظیفہ پر یورپ گئے جہاں آریائی زبانوں کا تقابلی مطالعہ " کے موضوع پر انہوں نے لندن یونیورسٹی سے پی۔ایچ۔ڈی کی ڈگری حاصل کی ۱۹۳۱ء میں وہ یورپ سے واپس ہوئے اور جامعہ عثمانیہ میں اردو کے پروفیسر مقرر ہوئے اور بعد میں صدر شعبہ۔ ۱۹۶۰ء تک وہ حیدرآباد میں رہے یہاں چادر گھاٹ

کالج کے پرنسپل کی حیثیت سے سبکدوش ہونے پر حکومت جموں و کشمیر نے انھیں صدر شعبہ اردو کشمیر یونیورسٹی مقرر کیا۔ کشمیر سے راس کماری تک کا علاقہ اردو کا وطن ہے۔ زور صاحب نے اپنی حیات موت سے اس کو ثابت بھی کردیا۔ وہ حیدرآباد میں پیدا ہوئے اور کشمیر میں پیوندِ خاک ! لیکن زور صاحب، زور صاحب جیسی شخصیات مرتی کہاں ہیں۔ زور صاحب تو دراصل اُن کارناموں کا نام ہے جو آج بھی زندہ ہیں اور جب تک یہ کارنامے زندہ و باقی رہیں گے زور صاحب مر نہیں سکتے۔ وہ جاوداں رہیں گے!

(۳۰ ستمبر ۱۹۶۲ء)

سروری صاحب

اِنَّا لِلّٰہِ وَاِنَّا اِلَیہِ رَاجِعُونَ ٥

سروری صاحب چل بسے!؟

جب میں نے حیدر آباد کے اردو روزنامے "رہنمائے دکن" میں سروری صاحب کی رحلت کی اطلاع پڑھی تو مجھے یقین نہ آیا۔ اور آنا بھی کیوں! ہم میں سے کسی کو یہ گمان تک بھی نہ تھا کہ سروری صاحب کا یوں انتقال ہو جائے گا۔ یوں، اس طرح، اچانک! ـــــ میں دوسرے روز کے "رہنما" کے انتظار میں تھا۔ یقین سا تھا کہ آنے والی اشاعت میں اس کی تردید ہو جائے گی۔ کیونکہ ممکن ہے کشمیر سے کسی غلط فہمی کے باعث ایسی اطلاع آئی ہو۔ دوسرے روز "رہنمائے دکن" کی دوسری اشاعت آئی! ـ

!؟!؟!؟!؟ ۔؟؟ ـــــ ـــــ !؟

جیسے سروری صاحب کا جسدِ خاکی میرے سامنے ہو۔ میں نے کشمیر میں سروری صاحب کی رہائش گاہ نہیں دیکھی ہے۔ لیکن تصور ہی تصور میں جیسے میں کشمیر پہنچ چکا ہوں ـــــ یہ سروری صاحب ہیں، ابدی نیند میں، جیسے ابھی ابھی سوئے ہوں ـــــ ہونٹوں پر تبسم رقصاں ہے، جیسے کوئی سہانا خواب دیکھ رہے ہوں ـــــ حفاظ اور احباب تلاوت کلام پاک کر رہے ہیں ـ ـــــ اور جو بھی چہرہ ہے، اُترا ہوا، غمزدہ، ملول! ہر فرد، پیکرِ یاس و الم۔

خاموش، خاموش، چپ چاپ، چپ چاپ، اپنے آپ میں کھویا ہوا ___ اور یہ لیجئے، سروری صاحب کو غسل دیا جارہا ہے، یہ کیا، انھیں کفن میں ملبوس کیا جارہا ہے ___ ہم سب جنازہ کو کاندھا دے رہے ہیں! ___

اُن کی آخری آرام گاہ اُن کے انتظار میں ہے۔ نمازِ جنازہ ہوا وہ سپردِ خاک کیے جارہے ہیں! ___ سب فاتحہ خوانی کر رہے ہیں۔ میرے ہونٹ بھی خود بخود ہلنے لگتے ہیں، میں بھی فاتحہ پڑھنے لگتا ہوں ___ سب لوگ جاچکے ہیں۔ اُن کی تربت سے کچھ فاصلے پر میں یکہ و تنہا ہوں۔ اُن کی تربت پر نظریں جمائے ___ پتہ نہیں کتنا وقت بیت چکا ہے۔ میری آنکھوں سے دو آنسو گرتے ہیں۔ ٹپ! ٹپ!!

"سروری صاحب! میری منہ سے اچانک نکلتا ہے۔ جیسے یہ نام پہلی بار میرے ہونٹوں پر آیا ہو!

میں چونک اُٹھتا ہوں۔ اوہ! ___ میں تو ترو پتی (آندھرا پردیش) میں ہوں۔ سروری صاحب کی تربت سے بہت دور، کشمیر سے بہت دور، بہت دور!

کشمیر، جس کو جنت نظیر کہا جاتا ہے اور جنت بروئے زمین بھی! لیکن کیا جنت میں لوگ اسی طرح مرجایا کرتے ہیں؟ زور صاحب بھی یہیں پیوند خاک ہوگئے اور سروری صاحب نے بھی یہیں داعی اجل کو لبیک کہا۔ میری سمجھ میں کچھ نہیں آتا۔ میں اپنے وجود سے کہیں دور ہوں۔ میں اپنے آپ کو ڈھونڈنے لگتا ہوں۔

لوگ کہتے ہیں، سروری صاحب نے وطن سے دور رہ کر وفات پائی۔ اگر لوگ کہتے ہیں کہ کشمیر سروری صاحب کا وطن نہیں تھا تو میں کہتا ہوں کہ

حیدرآباد بھی سروری صاحب کا وطن نہیں تھا۔ سروری صاحب کا وطن تو اردو تھا۔ وہ اردو کی خاک سے اُٹھے اور اردو ہی کی خاک میں مدفون ہوئے۔

یہ گمان بھی ہوتا ہے کہ سروری صاحب کی وفات نہیں ہوئی۔ ہم میں سے بہت سے جو ایک عرصہ تک سروری صاحب سے تقریباً روزانہ ملا کرتے تھے یا ہفتہ میں ایک آدھ بار یا مہینے میں دو، ایک مرتبہ، سروری صاحب کی کشمیر کو روانگی کے بعد، ابتداً کچھ عرصہ تک بیکلی محسوس کرتے رہے اور پھر کئی مہینوں کے وقفہ سے اُن سے ملاقات اور گفت و شنید کے عادی سے ہو چکے تھے اور ابھی جنوری اور فروری کے مہینوں اور مارچ کے ابتدائی دنوں میں ہم میں سے کئی نے اُن سے ملاقات کی تھی۔ اس دوران میں خود بھی اُن سے مل چکا تھا ــــ ارے، وہ ابھی ابھی تو کشمیر گئے تھے! سروری صاحب حیدرآباد آئیں گے اور ضرور آئیں گے۔ ذرا کشمیر یونیورسٹی میں تعطیلات تو ہونے دیجئے، اور پھر ہمیشہ کی طرح سوچتا ہوں ــــ آئندہ جب بھی حیدرآباد جاؤں گا تو ممکن ہے سروری صاحب بھی تشریف لائے ہوں۔ میں ان کے ملاقات کے لئے پہنچوں گا۔ اپنی آمد کی اطلاع دے کر ڈرائنگ روم میں اُن کا منتظر رہوں گا، کچھ ہی دیر میں سروری صاحب تشریف لائیں گے، میں احتراماً استادہ ہو جاؤں گا اور وہ اپنے مخصوص اور شفقت آمیز لہجے میں اُسی جانے پہچانے انداز میں پوچھیں گے "ہونہہ! کیا بھئی! اچھے ہو؟" ــــ اور پھر باتوں کا سلسلہ چل نکلے گا۔

سروری صاحب اپنے شاگردوں سے بحیثیت استاد ہی پیش نہیں آتے تھے وہ اپنے شاگردوں کے ایک بزرگ، ایک مشفق ایک مصلاح کار اور ایک "دوست" بھی تھے۔ وہ اپنے شاگردوں کے گھریلو مسائل، بھائی

بہنوں، بیوی بچوں۔ اُن کی ملازمتوں، مصروفیتوں دلچسپیوں اور اُن کے نجی مسائل سے بھی ایسی ہی گہری دلچسپی لیتے، جیسے یہ سب داخل نصاب ہوں۔ یہی وجہ تھی کہ شاگرد اپنی طالب علمی کے دور کے بعد بھی اُن سے ملتے اور ملتے رہتے۔ وہ خطوط کے جوابات بھی بڑی چاہ، بڑی اپنائیت اور بے حد پابندی سے دیتے۔ وہ اِن معنوں میں بڑے آدمی، نہیں تھے جو محض اس وجہ سے خطوط کے جوابات نہیں دیتے کہ لوگ انہیں "عدیم الفرصت" اور "بڑا آدمی" متصور کریں۔

آج سروری صاحب کا نام آتے ہی جامعہ عثمانیہ میں گذرا طالب علمی کا زمانہ کسی فلم کی طرح آنکھوں کے سامنے متحرک ہو جاتا ہے ___ شیشۂ ذہن پر ایک ایک یاد اُبھر آتی ہے۔ سروری صاحب اگرچہ بی۔ اے کی چند جماعتیں لیتے تھے لیکن بی۔اے کے طالب علم سروری صاحب سے کم ہی قریب ہو پاتے۔ میں بھی دُور رہا لیکن ام۔اے کے طالب علموں سے سروری صاحب کا ربط قریبی اور گہرا ہوتا۔ بعض اوقات سروری صاحب اپنی مصروفیات کے باعث کلاس نہیں لیتے۔ ایسے موقع پر وہ یا تو کسی انٹرویو یا کسی میٹنگ وغیرہ کے سلسلہ میں حیدرآباد سے باہر ہوتے یا یونیورسٹی ہی میں انھیں کسی نہ کسی کمیٹی وغیرہ کے اجلاس میں شرکت کرنی ہوتی ___ وہ جامعہ کو اپنی کار میں آتے۔ تاہم انھیں کبھی کبھار تاخیر ہو جاتی۔ موسم سرما میں تاخیر کا اوسط زیادہ ہوتا ___ اُس سال ام۔اے میں ہم صرف چہار طالب علم تھے۔ شاذ تمکنت، مہرالنساء، ذاکر حسین فاروقی اور میں ___ سروری صاحب اپنی کلاس عموماً اپنے کمرے ہی میں لیتے، اپنی اس تاخیر کے باعث کمرے میں آتے ہی وہ بے حد عجلت میں ہوتے، خاصے معروف بھی! کبھی

کوئی کاغذ دیکھ رہے ہیں، کبھی کوئی خط، کبھی جیب سے کچھ نکال رہے ہیں۔ کبھی ہم میں سے کسی سے کچھ پوچھ رہے ہیں اور اس دوران کوئی اور آجائے تو ان سب کے ساتھ اس سے گفتگو بھی ـــــ اور شاید سردی کا اثر کم کرنے کے لیے دونوں ہاتھوں کو ایک دوسرے سے ملتے، کبھی ٹوپی اُتار کر سر سہلاتے، اور کبھی اپنی جیب میں ہاتھ ڈال لیتے۔ بہر کیف اگر وہ اپنے کمرے میں کلاس لے رہے ہوں تو بے حد متحرک ہوتے۔ اُن کو اس طرح دیکھ کر ایک مرتبہ ہم میں سے کسی نے جوشؔ کا یہ شعر اُن کے بارے میں پڑھا تھا ؎

ہر شئے کو مسلسل جنبش ہے راحت کا جہاں میں نام نہیں
اس عالمِ سعی و کاوش میں دم بھر کے لیے آرام نہیں

ہم طالبِ علم سروری صاحب کو جب بھی اس طرح دیکھتے، اس شعر کا وِرد ضرور ہوتا لیکن سروری صاحب کو اس کی خبر نہ تھی۔

سروری صاحب ہم کو لسانیات پڑھاتے تھے، بے حد خشک، سپاٹ، سنجیدہ اور متین مضمون! لیکن سروری صاحب نے اس مضمون کی تقدیر ہی بدل دی تھی، اُن کی تدریس کا انداز بڑا دلنواز اور لالہ کار تھا میں یہ سطور تحریر کر رہا ہوں اور سروری صاحب کی آواز میرے کانوں میں گونج رہی ہے۔ ایک چھوٹا سا بلیک بورڈ اُن کے کمرے میں آویزاں تھا۔ وہ کبھی کبھار کوئی نقشہ بناتے اور لکھتے لیکن اُن کے لیکچر کا سلسلہ جاری رہتا۔ سروری صاحب نے لسانیات کو ایک تخلیقی مضمون بنا دیا تھا۔ وہ اس قدر کیف، سرشاری اور روانی کے ساتھ لیکچر دیتے جیسے صفِ اول کا کوئی غزل گو اپنی دلآویز غزل پیش کر رہا ہو۔ سروری صاحب کے دلائل محکم ہوتے اور انداز دلنشین! آج بھی ان کے

لیکچر کتاب ذہن میں محفوظ ہیں، ایک امانت کی طرح ! ـــــــ

سروری صاحب سے ملاقات کرنے والے پہلی ہی ملاقات میں اُن سے متاثر نہیں ہوتے تھے، اسکی وجہ شاید یہ ہو کہ، سروری صاحب کی شخصیت بظاہر ایسی نہیں تھی۔ سروری صاحب یوں بھی اپنے ظاہر سے اوروں کو متاثر کرنے والے تھے نہیں، وہ ایسا چاہتے بھی نہیں تھے۔ اُن میں ادبی سیاستدانوں کا انداز نہیں پایا جاتا تھا۔ وہ تو ٹھیٹ علمی اور ادبی انسان تھے، اُن سے ایک سے زاید مرتبہ ملاقات کیجئے۔ علمی و ادبی موضوعات پر تبادلہ خیال کیجئے، اردو کے مسائل پر گفتگو کیجئے، اُن کی شخصیت کی گہرائی اور گیرائی کو آپ محسوس کرینگے کہ سروری صاحب اتنے بڑے آدمی ہیں ؟! ـــــــ جی ہاں ! سروری صاحب بہت بڑے آدمی تھے اُن کی بڑائی تھی اُن کی انکساری اور ملنساری میں، وہ نرم دم گفتگو رہے اور گرم دم جستجو لیکن رزم اور بزم دونوں میں پاک دل و پاکباز ! اُن کی عظمت تھی اپنے چھوٹوں سے اپنے احباب کی طرح پیش آنے میں اُن کی برگزیدگی تھی اپنے چھوٹوں کو بڑا دیکھنے کی آرزو دیں۔ وہ اپنے چھوٹوں اور شاگردوں کی ہمت افزائی کرنے میں وسیع القلب اور وسیع النظر تھے۔ وہ کھل کر تعریف کرتے اور اتنی ہمت بندھاتے کہ کام کرنے کو جی چاہتا، علمی و ادبی کام۔ آج حیدرآباد، میسور اور کشمیر ہی میں نہیں، ہندوستان اور پاکستان بھر میں، بلکہ ہر اُس ملک میں جہاں اردو موجود ہے، پتہ نہیں، کتنے محقق، ادیب اور نقاد ہوں گے جن کو تحریر و تصنیف کی تحریک دینے میں، مزید لکھنے پڑھنے کے لئے حوصلہ بڑھانے میں سروری صاحب کا ہاتھ رہا ہے. آج ان سب کا قلم سروری صاحب کے غم میں سرنگوں ہے.

سروری صاحب زندگی بھر کام کرتے رہے۔ زندگی کے آخری لمحوں تک بھی! اُن کی ادبی لگن اور اردو سے بے پناہ محبت نے انھیں کبھی خاموش رہنے نہیں دیا۔ وہ جہاں بھی رہے کام کرتے رہے۔ انہوں نے یادگار کام کئے۔ اُن کی تصانیف و تالیف کی تعداد (۲۵) کے لگ بھگ ہے اور تقریباً ہر کتاب ہندوستان کی کسی نہ کسی یونیورسٹی میں اردو کے نصاب میں شامل ہے اور جو چند کتابیں شاملِ نصاب نہیں ہیں وہ حوالہ کی کتب میں ممتاز حیثیت رکھتی ہیں۔ سروری صاحب کی بیشتر کتب ادبی دنیا میں بنیادی درجہ رکھتی ہیں کہ اس موضوع پر بعد میں لکھی جانے والی کسی بھی کتاب میں اس کا حوالہ ناگزیر ہے۔ ایسی کتابوں میں "دنیائے افسانہ" "جدید اردو شاعری" "زبان اور علمِ زبان" "اردو کی ادبی تاریخ" "سراجِ سخن" "کشمیر میں فارسی ادب کی تاریخ" اور تاحال غیر مطبوعہ "کشمیر میں اردو" کے نام لئے جا سکتے ہیں۔ ایسا اعزاز اردو کے بہت کم ادیبوں کو حاصل ہے۔ اُن کی کتاب "زبان اور علمِ زبان" تو اپنے موضوع پر اردو میں اولین کتاب ہے۔ حرفِ آغاز ا—

سروری صاحب اگر اپنی مصروفیات کے باعث چند روز کلاس نہ لیتے تو اس کا "معاوضہ" یوں ادا کر دیا جاتا کہ جب بھی موقع ملتا مسلسل دو دو گھنٹے لے لیتے۔ بعض اوقات دوپہر کے وقفہ میں بھی وہ لیکچر دیتے۔

سروری صاحب کا دوپہر کا کھانا اُن کے ہمراہ ہوتا۔ گیہوں کی روٹیاں ہوتیں۔ سروری صاحب بڑے سلیقے اور بڑے اہتمام کے ساتھ اپنے کمرے میں برقی چولہے پر انھیں گرم کرتے۔ کبھی کبھار ایسا بھی ہوا کہ طالب علموں کو انہوں نے اپنے ظہرانہ میں شریک کر لیا یا کبھی اُن کے لئے کینٹین سے کچھ منگوا دیا۔

ام۔اے (سالِ دوم) کے طلبہ کو تقریباً ہر ماہ اپنی رہائش گاہ پر مدعو کرتے۔ عموماً شعری نشست پر طلبہ کی فراخدلی سے عصرانہ پر تواضع کی جاتی۔ یہاں بڑی آزادانہ فضا رہتی، کھل کر تبادلۂ خیالات ہوتا۔ علمی و ادبی مسائل موضوعِ گفتگو ہوتے۔ سروری صاحب اس طرح ایسی غیر رسمی فضا پیدا کرنا چاہتے تھے کہ استاد اور طالب علم ایک دوسرے کے قریب ہوں۔ یہ طرزِ تعلیم کا جدید طریقہ تھا مغربی انداز۔ اس طرح طالب علموں کی تربیت بھی ہوتی۔ میرے علم میں نہیں کہ سروری صاحب کی یہ روایت ہندوستان کی کسی اور جامعہ کے شعبۂ اردو میں موجود ہے۔ سروری صاحب ہی اس کے بانی تھے اور خاتم بھی!۔۔۔

سروری صاحب کی اردو سے محبت ہر سطح سے اونچی تھی اور بہ قدرِ اولیٰ۔ انھیں اس راہ میں مصیبتوں اور دشواریوں کا سامنا بھی کرنا پڑا، رسوائیاں اور بدنامیاں بھی ہاتھ آئیں۔ اُن کے بعض اپنے غیر بھی ہوئے، غیروں کا پوچھنا ہی کیا ہے! لیکن سروری صاحب نے اس کا اظہار ہی نہ کیا، انھوں نے اُف تک نہ کی، اُن کی جبین پر شکن تک نہ آئی۔ یہاں اُن معرکہ ہائے خیر و شر کی تفصیلات کی ضرورت نہیں لیکن سروری صاحب نے جس عالی ظرفی اور بلند حوصلگی سے یہ سب کچھ سہا اس کو کون فراموش کر سکتا ہے۔ ایسے معرکے سروری صاحب کے کردار کو اور بلندی اور سرفرازی عطا کرتے رہے۔ سروری صاحب نے یہ سب کچھ اردو کے لئے سہا، اردو کے لئے کیا۔ اور اب جامعہ عثمانیہ میں اردو کی پروفیسری سے سبکدوش ہونے کے بعد کشمیر میں پروفیسری کو قبول کرنا، پروفیسری کے عہدے اور مرتبہ کے لئے نہیں تھا۔

سروری صاحب اپنی زندگی میں آن بان، شان و شوکت، عز و جاہ اور دولت و ثروت ــــ تمام منازل سے گذر کر ان سب سے بے نیاز ہو چکے تھے۔ جامعہ عثمانیہ میں اُردو کے پروفیسر کی حیثیت سے انہوں نے جو مقام اور مرتبہ پایا وہ اُن کے لئے بہت تھا۔ اب پروفیسر کے عہدہ میں اُن کے لیے کیا کشش تھی، وہ اب پروفیسری کو کیا خاطر میں لاتے۔ انہوں نے تو اس دوران کئی ایک کو پروفیسر بنا دیا تھا۔ اُن کے کئی شاگرد پروفیسر بن چکے تھے ــــ وہ تو کشمیر میں اُردو کی خدمت کے جذبے کے تحت گئے تھے۔ زور صاحب نے کشمیر میں اردو کے مشن کو جس موڑ پر چھوڑا تھا سروری صاحب کے لئے اس کو آگے بڑھانا تھا۔ سروری صاحب اپنے مشن میں لگے رہے، چنانچہ جب بھی اُن سے نیاز حاصل کرنے کا موقع ملتا وہ کشمیر میں اردو کی ترقی کی رفتار سے سب کو روشناس کراتے۔ انہوں نے اس موضوع پر حیدرآباد میں چند ایک تقاریر بھی کی تھیں۔

سروری صاحب کی حیثیت دراصل اردو کے ایک ذمہ دار سفیر کی تھی وہ شمال کے پیغام کو جنوب اور جنوب کے پیغام کو شمال میں پہنچاتے اور پھیلاتے رہے۔ اُردو کے تعلق سے شمال اور جنوب کو یوں باہم دگر اور مربوط کرنے والی شخصیات بہت کم رہی ہیں۔ اہم بات یہ کہ ہر جگہ کا اعتماد اور اعتبار اُن کو پوری طرح حاصل تھا۔

میں نہیں کہتا کہ سروری صاحب کشمیر میں اردو کے لیے اپنے مقصد میں کامیاب ہو چکے تھے انہوں نے اپنی منزل پالی تھی۔ اردو تو زندگی کی طرح رواں دواں اور جواں ہے اور اس کا مقام ہر مقام سے آگے ہے۔

یقیناً کشمیر میں بھی اُردو کے قافلے کو نیا سالار ملے گا کہ سروری صاحب کے چھوڑے ہوئے کاموں کو آگے بڑھا سکے۔

سروری صاحب نے دوستی بھی کی اور دشمنی بھی۔ لیکن اُن کی دوستی میں بھی بانکپن تھا اور دشمنی میں طرحداری دونوں میں انہوں نے اپنے معیار شرافت ونجابت اور اپنی انفرادیت کو برقرار رکھا۔ انہوں نے حق دوستی ادا کرنے کے لئے سب کچھ کیا۔ کہیں کہیں حدود سے تجاوز بھی۔ لیکن دوستی کے ماتھے پر شکن تک آنے نہیں دی اور جن سے اختلافات تھے اُن سے بھی کبھی ایسا ویسا انداز جو اُن کے معیار اور مرتبے سے فروتر ہو اختیار نہیں کیا۔ ان سے اختلاف رکھنے والے بھی اونچی سطح کے مالک تھے' با شعور اور باکردار۔ انہوں نے ایسے لوگوں سے کبھی اپنے اختلافات کا اظہار نہیں کیا اور نہ کبھی اُن سے تعلقات منقطع کئے۔ ہاں مفاد پرستوں نے' کم ظرفوں نے ان تعلقات کا ممکنہ استحصال کیا اور لگائی بجھائی کر کے اپنا اُلو سیدھا کرنے کی سعی کی' ان دوئی فطرت کے حامل افراد کو اپنے مقاصد میں کامیابی بھی ہوئی۔ سروری صاحب ان لوگوں کی نہاد سے واقف تھے پھر بھی خاموش رہے کہ اُن کا ظرف عالی تھا —— اور جو کم ظرف تھے یا تو جلد ہی گوشۂ گمنامی میں پہنچ گئے یا آج' اگر ہیں بھی تو کسی بھٹکی ہوئی روح کی طرح!

سروری صاحب ایک ادبی محقق' ایک نقاد اور ایک ماہر لسانیات ہی نہیں' اردو تحریک کے مرد مومن بھی تھے۔ حیدر آباد میں انہوں نے اردو کے لئے جو کچھ کیا ہو اس سے زیادہ انہوں نے میسور اور کشمیر میں کیا۔ یہاں کے افراد میں اُردو سے محبت پیدا کی' اردو کی خدمت کا جذبہ بیدا کیا

اُن کے ذوق کی صحیح رہنمائی کی اُردو کی انجمنیں اور ادارے قائم کروائے حکومت سے ممکنہ تعاون اور اعانت حاصل کی اور اردو تحریک کو تقویت پہنچانے کے لئے خود کو دامے' درمے' قدمے اور سخنے وقف کر دیا ——— اور ایک مردِ مومن کی طرح جو اپنی مرضی کو اللہ کی مرضی کا تابع کر دیتا ہے' سروری صاحب نے بھی اپنی مرضی کو اردو کی مرضی کا تابع کر دیا تھا۔ ورنہ اس عمر میں جب کہ وہ اپنے شعبہ میں عزت و احترام اور اعلیٰ مناصب پا چکے تھے' خدمت سے سبکدوشی کے بعد اپنے گھر ہی میں تحریر' تصنیف اور تحقیق کا کام بآسانی انجام دے سکتے تھے۔ انہوں نے ہزاروں میل کا سفر اختیار کیا۔ وہ ایک مردِ مومن کی طرح اُردو کی راہ میں نکل پڑے تھے۔ آج بھی کشمیر میں اُن کی تربت اردو کا کام کرنے والوں کے لیے ایک مثال پیش کرتی ہے۔ ایک سنگِ میل ہے۔ ایک مینارۂ نور بھی ——— مجھے سروری صاحب کی آواز اب بھی آرہی ہے۔ وہ کہہ رہے ہیں ؎

زیارت گاہِ اہلِ عزم و ہمت ہے لحد میری
کہ خاکِ راہ کو میں نے بتایا رازِ الوندی!

مولاناؒ

جانے آج کیوں آنکھوں میں آنسو چلے آرہے ہیں۔ جی چاہتا ہے۔ روؤں اور اس قدر روؤں کہ پھر رونے کی حسرت رہے اور نہ ہمت! آنکھوں کے سامنے ایک دُھندسی چھاتی جارہی ہے۔ گلا رُندھ رہا ہے۔ دماغ ماؤف ہوتا جارہا ہے۔ دل کی حرکت مدھم ہوتی محسوس ہورہی ہے اعضا بیٹھے جارہے ہیں۔ یوں لگتا ہے ایک زلزلہ سا آگیا ہے۔ میرے تن بدن میں —— تن بدن ہی میں نہیں، یہ کرۂ ارض بھی گویا کسی زلزلہ کی زد میں ہے ایک خوفناک سے زلزلہ کی ——

اف! میرے خدایا! یہ کیا ہورہا ہے، یہ کیوں ہورہا ہے؟ میں کیا کروں میں کیا کروں! کچھ سجھائی نہیں دیتا۔ یہ کیا اندھیر ہے؛ یہ کیسی تاریکی ہے!!؟ —— مولانا ابوالوفا صاحب کا وجود ایک مینارۂ نور تھا۔ وہ آفتابِ علم تھے۔ ہم جیسے کور دماغوں اور کم نگاہوں کا کیا ذکر، کئی داناؤں اور بیناؤں نے، اپنے وقت کے کئی علامہ اور کئی اہلِ دانش و بینش نے اُن کے آگے زانوے ادب تہہ کیا تھا۔ اُن کے حلقۂ تلامذہ میں شامل ہونے کو باعثِ فخر و سعادت سمجھا اور اُن کی صحبت کو حاصلِ زندگی! —— اُن جیسے دانائے راز، عالم و فاضل، فقیہہ وقت اور مردِ کامل سے ہمارا اور ہم میں سے کئی کا رشتہ ہی کیا ہوسکتا تھا۔ وہ دین کے علم کا بحر تھے، بحرِ ناپیدا کنار —— اور ہم ہم تو اپنے آپ کو قطرہ بھی نہیں

کہہ سکتے

مولانا سے جب شرفِ نیاز حاصل ہوا تو یہ احساس ہوا کہ کوئی دولت بیدار ہاتھ آگئی۔ برسوں قبل کی بات ہے، دس برس تو یقیناً ہوئے ہوں گے یہ وہ زمانہ تھا جب میں "رہنمائے دکن" میں "رفتارِ سیاست" لکھا کرتا تھا۔ مولانا اپنی دینی اور علمی مصروفیات کے باوصف اتنا وقت ضرور نکال لیتے تھے کہ اخبار کا مطالعہ کریں۔ وہ "رہنمائے دکن" کا پابندی سے مطالعہ کرنے والوں میں تھے۔ مولانا ہی کے محلہ میں اُن کے دولت کدہ کے نزدیک میرے ایک عزیز دوست اقبال رہتے ہیں۔ اقبال صاحب یا اُن کے کسی بھائی نے مولانا سے "رفتارِ سیاست" کے ضمن میں میرا تذکرہ کیا۔ مولانا نے اُن سے ارشاد فرمایا کہ ہوسکے تو اُن (مجھ) کو کبھی لے آؤ۔ مولانا کے ایک اور عقیدت مند میرے عزیز دوست قیصر ہیں ایک روز ہم تینوں نے پروگرام بنایا۔ کچھ اس طرح کہ ناشتہ اقبال صاحب کے ہاں ہو اور ناشتہ کے بعد دس، ساڑھے دس کے لگ بھگ مولانا کی قدمبوسی کے لئے اُن کے دولت کدہ پر پہنچ جائیں ---- ہم مولانا کے یہاں پہنچے! ایک سیدھا سادا، مختصر سا پاک و صاف مکان اور اس سے بھی زیادہ سیدھا سادا پاک و صاف فرش۔ چہار سمت الماریاں، کتابوں سے بھری ہوئیں اور کمروں میں بھی، جہاں تک نظریں گئیں صرف الماریاں، صرف کتابیں، صرف کاغذات۔ در و دیوار علم کی خوشبو سے مہکے ہوئے ہم جب تک وہاں بیٹھے، اپنے مشامِ جاں کو معطر کرتے رہے۔ اس پس منظر میں ستون سے لگا تکیہ، اور اس سے ٹیک لگائے اپنے روبرو تلامذہ اور

اطراف کتابوں، خطوں اور کاغذوں کے انبار میں، ایک سروقد سرخ و سفید پیکر۔ کھلا ہوا کتابی چہرہ، پتلے پتلے ہونٹ ستواں ناک، کشادہ پیشانی، ہم سب کے لئے پیار و محبت لئے جگمگاتی آنکھیں، سفید بے داغ لباس، یوں محسوس ہوا جیسے مولانا ابھی ابھی نور کے دریا سے نہا کر آئے ہوں۔ مولانا سے مصافحہ کیا۔ اُن کے ہاتھوں کا پُر وقار لمس! آج بھی اپنے ہاتھوں کو دیکھتا ہوں تو رشک آتا ہے۔ مولانا کے ہاتھوں کی صلابت اور نزاکت آج بھی نہیں بھولتی، تعارف کے بعد گفتگو شروع ہوئی۔ مولانا سے ہم کیا گفتگو کرتے، مولانا ہی ہم سے باتیں کرنے لگے۔ ہم کو مولانا کی اور اپنی علمی سطحوں کا پورا پورا احساس تھا بلکہ ہم کو تو اپنے لئے لفظ "سطح" کا استعمال ہی نہیں کرنا چاہیئے۔ ہماری سطح ہی کیا تھی۔ گفتگو میں ہم مولانا کی سطح تک کیا پہنچتے، مولانا ہی نے کرم کیا کہ ہم کو ہماری عقل و فہم کے مطابق سمجھانے لگے۔ یہ مولانا کا بڑا کمال تھا کہ وہ کیسا ہی اہم موضوع اور کتنا ہی الجھا ہوا اور پیچیدہ مسئلہ ہو اس کو نہایت عمدگی، سلاست اور بے حد عام فہم انداز میں ایک عامی کے بھی ذہن نشین کرا دیتے۔ ہمارے دوست قیصر صاحب کے ذہن میں عموماً کوئی نہ کوئی مسئلہ ہوتا وہ اس کو چھیڑ دیتے۔ معلوم ہوتا مولانا ہماری تفہیم کے لئے تیار ہی بیٹھے تھے وہ مسئلہ کی تشریح و وضاحت شروع کر دیتے۔ نہ کوئی گراں اصطلاح نہ بھاری بھرکم الفاظ البتہ نہ انداز بیان ادق اور گنجلک! پہاڑی چشمے کی سی روانی کے ساتھ مولانا گویا ہوتے، مولانا کا طرزِ ادا، اُن کے لہجہ کی کھنک، اُن کے صوت و صدا کی گونج اُن کی بلند آہنگی، ایک سحر کی سی کیفیت پیدا کر دیتی۔

مولانا ہم سب سے ہمیشہ شفقت اور کرم سے پیش آتے۔ عموماً چائے سے تواضع کرتے۔ وہ چائے کے معاملے میں بے حد باذوق تھے۔ بڑی بڑی پتیوں والی چائے، بغیر دودھ کے استعمال کرتے، بے حد خوش رنگ اور خوشگوار ذائقہ کی حامل! نازک اور نفیس فنجالوں میں۔ مولانا کا اصرار ہوتا، کبھی کبھی چائے کے دو دو دور بھی ہوتے۔ مولانا کے یہاں چائے پیتے ہوئے "غبارِ خاطر" کا مولانا آزاد کا وہ مکتوب یاد آجاتا جس میں انہوں نے مزے لے لے کر چائے کا تذکرہ کیا ہے ــــ وہ غالباً مولانا کے ہاں حاضری کا پہلا موقع تھا۔ ہم اُٹھے، رخصت کی اجازت چاہی، مولانا بھی ایستادہ ہوئے اور کمرے میں جاکر کسی الماری سے تھوڑا سا خشک میوہ لے آئے اور بڑی شفقت اور پیار کے ساتھ دیتے ہوئے کہنے لگے "سلیمان بابا آیا ہے، اس کی تواضع کرنی ہے" مولانا نے بتایا تھا وہ خشک میوہ افغانستان سے اُن کے کسی قدرداں نے بھیجا تھا۔ میں نے پورے احترام کے ساتھ مولانا کے اس تحفے کو لیا، سرآنکھوں پر رکھا۔ مولانا اس سے زیادہ ہماری قدر افزائی کیا کرتے۔ ہم نے یہ سب سوچا بھی نہیں تھا۔ ہم سب نے مصافحہ کیا۔ مولانا کے ہاتھوں کو بوسہ دیا اور ایک جہان کی دولت لئے مولانا کے ہاں سے واپس ہوئے۔

اب یہ ہمارا معمول تھا۔ مولانا کے ہاں دو دو تین تین گھنٹے بیٹھتے۔ مولانا کو کبھی بیزاری یا ناگواری کا موقع نہیں دیتے۔ اُن کے آداب اور معمولات سے ہم سب واقف تھے۔ مولانا کے ہاں نہ ہم اتوار کو جاتے اور نہ جمعہ کو ــــ مولانا اتوار کو قبل از ظہر درس و تدریس میں مصروف ہوتے۔ جمعہ کو ان

اوقات میں مولانا جمعہ کی نماز کی تیاری میں ہوتے اور عام طور پر ۱۲ بجے کے لگ بھگ نماز کے لیئے گھر سے روانہ ہو جاتے۔ ان کے علاوہ کسی بھی دن مولانا کو قبل ظہر زحمت دی جا سکتی تھی۔ مولانا غیر معمولی اپنائیت اور گرم جوشی کے ساتھ پذیرائی فرماتے اور ظاہر ہوتا کہ وہ ہماری آمد سے خوش اور مسرور ہیں اور ہر وقت تاکید فرماتے کہ آئندہ جلد آئیں۔

مولانا کو انگریزی لباس، انگریزی تہذیب اور مجموعی طور پر انگریزوں سے سخت نفرت تھی۔ وہ انگریزوں کے لیئے لفظ "فرنگی" استعمال کرتے جو اُن کی نسل اور مزاج کے لوگوں کی زبان پر عام طور پر رائج تھا۔ انگریزی معاشرت کو انہوں نے کبھی بھی آسانی سے برداشت نہیں کیا۔ ہم سب مولانا کے مزاج آشنا تھے۔ چنانچہ اُن کے ہاں جب بھی حاضری دینا ہوتا، بش شرٹ اور پتلون کی بجائے شیروانی اور ٹوپی میں ہوتے، میں خاص اہتمام کرتا۔ مولانا اس لباس کی بڑی ستائش فرماتے اور ہماری طرف قابل تعریف نظروں سے دیکھتے۔ ہم میں سے کوئی بھی بش شرٹ اور پتلون میں ہوتا تو مولانا کی ناپسندیدگی کا نشانہ بنتا۔ مولانا اپنی ناپسندیدگی کا اظہار عموماً ان الفاظ میں کرتے۔ "فرنگیوں کا لباس پہنا ہے"۔

مولانا افغانستان سے بے پناہ محبت کرتے تھے۔ جب بھی افغانستان کا ذکر آتا (اور اُن سے ہر ملاقات کے دوران ایک آدھ مرتبہ یہ ذکر کا نام ضرور ہوتا تھا) تو مولانا کے چہرے پر تمازگی آجاتی۔ ایک نکھار چھا جاتا۔ وہ خاص مسرت کے ساتھ افغانستان کا ذکر فرماتے، قندھار کے ذرّہ ذرّہ کے تو وہ دل و جان سے شیدا تھے۔

طلب علم کے لیے ترکِ وطن کرنے کے بعد مولانا افغانستان یوں بھی کم گئے ہوں گے لیکن حیدرآباد میں تشریف آوری کے بعد تو معدودے چند مرتبہ! تاہم افغانستان بالخصوص قندھار کا ہر منظر اُن کی نظروں میں لہلہاتا جھومتا سرسبز و شاداب تھا۔ بہار بے خزاں کی طرح! وہاں کی رہگذاروں کا حوالہ وہ آج بھی اسی دلنوازی کے ساتھ دیتے جیسے وہ ابھی ابھی ان سے گذر کر آئے ہوں۔ یہی نہیں وہاں کے باغات، میووں، موسموں، پہاڑوں، دریاؤں، وادیوں، عمارات، عوام کے عادات و اطوار، اُن کی قبائلی زندگی، لباس، رہن سہن، تناول خورد و نوش کے طریقوں، شاہی خاندان، اُن کی سرگرمیاں، اُن کے رنگ ڈھنگ۔ غرض کس کس چیز کا ذکر کیا جائے مولانا اُدھر گل افشانیٔ گفتار میں مصروف ہوتے اور ہم جیسے کچھ دیر کے لئے افغانستان کی سیر کر لیتے ــــ ایک موقع پر "رفتارِ سیاست" میں میرا موضوع افغانستان کی سیاست تھا۔ اس وقت تو یاد نہیں میں نے کس پہلو پر اور کیا لکھا تھا لیکن اس کی اشاعت کے دو ایک روز بعد ہی غالباً مولانا سے نیاز حاصل ہوا تھا۔ مولانا کو میرے خیالات سے تھوڑا بہت اختلاف تھا لیکن مجھ کو یہ جان کر سخت حیرت ہوئی کہ ٹھیٹ مذہبی علمی مشاغل میں منہمک رہنے کے باوجود مولانا کی نظر افغانستان کی سیاست پر کتنی گہری تھی۔ مولانا نے افغانستان کی سیاست کے مختلف رخوں اور اُن کے پس منظر کو بیان کیا۔ مجھ کو یہ افسوس ضرور رہا کہ کاش افغانستان کی سیاست پر قلم اٹھانے سے قبل میں نے مولانا سے استفادہ کیا ہوتا۔ مولانا بے حد افتخار سے اس کا ذکر فرماتے کہ افغانوں نے بیرونی تسلط کو کبھی بھی قبول نہیں کیا۔ وہ انگریز ہوں کہ کوئی اور افغانوں نے

خارجی عناصر کے خلاف ہمیشہ نبرد آزمائی کی اور اپنے قومی وقار اور وحدت کو بہر صورت برقرار رکھا۔ ہندوستان اور افغانستان کے دوستانہ تعلقات مولانا کے لئے مایۂ انبساط تھے۔

عالمی سیاست پر بھی مولانا کی نظر گہری تھی۔ خصوصاً مشرق وسطی کے حالات عربوں کی حکمتِ عملی، صہونیت کا ناسور اور امریکہ کی عرب دشمنی پر مولانا کے معلومات وسیع تھے، گہرائی کے حامل۔ وہ اپنی ایک رائے رکھتے تھے جو عموماً درست ہوتی۔ اسی طرح ملکی سیاست کے پیچ وخم کو بھی وہ پہچانتے تھے۔ مولانا کے پیشِ نظر ملت کی صلاح وفلاح اور بہبودی ہوتی۔ میں نے اُن کو ہمیشہ ملت کی ترقی اور بہتری کے لیے دُعا گو پایا۔ خدا اُن کی دعاؤں کو قبول کرے (آمین)

مولانا بے حد سادگی پسند تھے۔ یہ سادگی صرف لباس اور رہن سہن ہی کی نہیں، مزاج اور درون کی بھی سادگی تھی۔ وہ اپنے ملنے والوں سے بے حد شفقت اور دلداری سے پیش آتے۔ اُن کی کوشش ہمیشہ یہی ہوتی کہ ملنے والوں کی ذہنی سطح سے قریب ہوکر گفتگو کریں۔ یہی وجہ ہے کہ اُن کے ملاقاتیوں نے مولانا کو کبھی بھی غیر نہیں سمجھا۔ اُن سے ہمیشہ اپنائیت اور یگانگت محسوس کی۔

مولانا نے کبھی بھی زمانہ سازی نہیں کی۔ وہ اپنے آپ میں گُمن، تحریر و تصنیف میں مصروف اور درس وتدریس میں منہمک رہا کرتے تھے۔

اگرچہ اُن کے ہاں ہر اتوار کو قبلِ ظہر با قاعدہ درس ہوا کرتا۔ لیکن وہ اپنے ملنے والوں کو وقتاً فوقتاً اُن کے فہم وادراک کے مطابق مذہبی باتوں کی تلقین کیا کرتے۔ انسان دوستی اور بھائی چارگی کی تعلیم دیتے اور چھوٹی موٹی باتوں میں

ذریعہ زندگی کے بڑے بڑے مسائل پر کام کی باتیں بتاتے۔ مولانا کی اپنے محلہ کے مرد، عورتوں اور بچوں میں مقبولیت کی ایک وجہ یہ بھی تھی۔ سب اُن کو اپنا عزیز ترین بزرگ سمجھتے اور اُن کو 'آغا بابا' کہتے تھے! مولانا اپنے اہلِ محلہ اور عقیدت مندوں کے دکھ، درد، رنج والم خوشیوں اور مسرتوں کامیابیوں اور شادمانیوں میں برابر کے شریک ہوتے۔ مولانا کو اپنے علمی مشاغل سے فرصت ہی کہاں تھی پھر بھی اگر کسی کے ہاں رنج کا ہو یا خوشی کا، کوئی موقع ہوتا تو مولانا اپنا رنج اپنی خوشی سمجھ کر اُس میں شرکت فرماتے۔ اگر کسی کا کوئی عزیز علیل ہوتا تو اُس کے بارے میں دریافت فرماتے۔ کوئی عقیدت مند عرصہ تک ملاقات کے لئے نہیں آتا تو دوسروں سے اُس کے بارے میں استفسار کرتے۔ لوگوں کو اُن کے کاموں میں مشورہ دیتے۔ ہم نے ایسی کتنی باتیں مولانا سے دریافت کی ہوں گی۔ مولانا نے کبھی مایوس نہیں فرمایا۔

ایک واقعہ یاد آتا ہے۔ میرے ایک لڑکے کی پیدائش کے بعد میں مولانا کی خدمت میں حاضر ہوا اور باتوں کے بعد میں نے عرض کیا کہ میرے لڑکے کیلئے کوئی نام تجویز فرمائیں۔ ابتدائی حرف "ل" ہو۔ مولانا نے قدرے توقف کیا اور پھر فرمایا۔ نام "لبیب" رکھو۔ یہ ایک صحابیؓ کا نام ہے۔ میں نے اپنے لڑکے نام "لبیب محمد" رکھا۔ اپنے اِس لڑکے کو دیکھتا ہوں تو اکثر خیال آتا ہے۔ اس لڑکے کا نام مولانا کا یہ عطیہ آج بھی میرے لڑکے، میرے خاندان سے وابستہ ہے۔

مولانا اپنے شاگردوں میں غیر معمولی مقبولیت کے حامل تھے۔ اُن کے شاگردوں کی تعداد ہندوستان ہی میں نہیں، ہندوستان سے باہر بھی

ہوگی۔ اِدھر جنوبی ہند میں تو اُن کے شاگرد بہت زیادہ ہیں۔ جب بھی میسور، بنگلور، مدراس اور تامل ناڈو اور کرناٹک کے دیگر اضلاع اور مواضعات کو جانے کا اتفاق ہوتا ہے مولانا کے کسی نہ کسی شاگرد سے ملاقات ہو ہی جاتی ہے جو اب خود بھی استاد ہوتے! اور کئی ایک منتخب روزگار۔ لیکن باوجود استاد ہونے کے وہ اس عقیدت، احترام اور وارفتگی کے ساتھ مولانا کا ذکر کرتے اور اپنے زمانۂ طالب علمی کا کوئی نہ کوئی واقعہ ضرور سناتے کہ مولانا کی شخصیت کا ایک اور پہلو نگاہوں کے سامنے آجاتا۔ مولانا کے بارے میں بھی یہ حضرات جاننے اور سننے کا بڑا اشتیاق رکھتے۔ اُن کو دیکھ کر اور گفتگو کرتے ہوئے اندازہ ہوتا کہ مولانا کس قدر شفیق استاد رہے ہوں گے —— ابھی چند ماہ قبل کی بات ہے، میں ترچناپلی سے ترو پتی واپس ہو رہا تھا۔ ٹرین میں ایک صاحب سے ملاقات ہوئی۔ جامعہ نظامیہ کے فارغ ہیں اور آمبور کے مدرسہ میں معلم۔ میں نے مولانا کا تذکرہ کیا۔ مولانا کا نام سنتے ہی ان کا سر عقیدت سے جھک گیا۔ انہوں نے بتایا وہ مولانا کے شاگرد رہ چکے اور پھر اپنی شاگردی کے زمانے کے واقعات سناتے رہے، مؤدبانہ انداز میں مولانا کے بارے میں گفتگو کرتے رہے۔ اُن کی خیر خیریت پوچھی۔ یہ اور ایسے کئی اصحاب اور واقعات! آج مولانا کے وصال کی اطلاع پڑھ کر شیشۂ ذہن پر اُبھر آتے ہیں!

مولانا نہ تو پیشہ ور مولوی تھے اور نہ پیشہ ور مذہبی آدمی۔ اُن میں پیشہ ور مولویوں اور ایسے ہی مذہبی آدمیوں کی کوئی خو بو بھی نہیں پائی جاتی تھی۔ وہ ایک سچے اور اچھے مسلمان تھے۔ جن کی مثال باعث عز و افتخار اور

جن کی تقلید نجاتِ اُخروی کا باعث تھی۔ اپنے وقت کے بلند پایہ عالمِ دینا اور ممتاز ترین فقیہہ ہونے کے باوجود وہ بے حد منکسر المزاج تھے۔ اس قدر صاحبِ اعزاز و عزت، توقیر و مدارج اور عالمگیر شہرت رکھتے ہوئے بھی انہوں نے ہمیشہ یہی سمجھا کہ خدائے لم یزل نے اُن کو اس خدمت پر مامور کیا ہے اور اُن کی ذمہ داری یہ ہے کہ وہ اس خدمت کو بحُسن و خوبی بجا لائیں۔ مولانا نے یہی کیا اور خدائے پاک کی خوشنودی حاصل کی یقیناً رب العالمین اُن کو قربِ خاص سے سرفراز فرمائے گا۔

آج کے بیشتر علماء کی طرح مولانا نے دنیا داری اختیار نہیں کی۔ مولانا کو دنیا کے بہت کچھ اعزازات بھی ملے۔ لیکن کہاں یہ اعزازات اور کہاں مولانا کی ذاتِ بابرکات! یہ اعزازات تو خود اعزاز حاصل کرنے کے لئے مولانا کی چوکھٹ تک چلے آئے تھے۔ مولانا نے ان اعزازات کو کبھی درخورِ اعتنا تصور نہیں کیا۔ ہاں یہ دُنیا والوں کیلئے وجہِ اعزاز و افتخار ضرور رہا کہ انہوں نے اپنی بساط کے مطابق مولانا کی قدر کی۔ وہ اور کر بھی کیا سکتے تھے۔ مولاناؒ مصلحت پسندی سے کوسوں دور تھے۔ وہ تو علامہ اقبال کے اس شعر کی تفسیر تھے کہ ؎

ہزار خوف ہو لیکن زباں ہو دل کی رفیق
یہی رہا ہے ازل سے قلندروں کا طریق

وہ تاحیات قلندروں کے اسی طریق پر کاربند رہے۔ اُن کی زبان سے وہی ادا ہوا جس کو انہوں نے حق سمجھا اُن کے علم نے صحیح جانا اگر کسی سے ناراض ہوئے بھی تو اس ناراضی کا برملا اظہار کر دیا۔ اور پھر ویسے ہی

ہو گئے جیسے کہ پہلے تھے، دِل میں کچھ نہ رکھا۔ وہ ایک مردِ حق کی طرح رہے جس کا رویہ یہ رہتا ہو

کہتا ہوں وہی بات سمجھتا ہوں جسے حق نے ابلہ مسجد ہوں نہ تہذیب کا فرزند

مولانا کی اس حق گوئی اور بے باکی ایک نہیں کئی مثالیں ہیں اہل شہر جانتے ہیں کہ انہوں نے بیشتر مذہبی مسائل پر اپنے موقف کو قطعی طور پر واضح کیا۔ سانحہ تو یہ ہے کہ بسا اوقات اُن کا مقابلہ بڑوں سے رہا جو ٹیلوں پر چڑھ کر اپنی اونچائی کے مدعی رہے لیکن یہ بھی حقیقت ہے کہ آخر میں سب نے ان کی حق گوئی، راستی اور ایمان پرستی کی صدقِ دل سے توثیق کی۔ مولانا کے کردار کی برگزیدگی کا اس سے بڑھ کر اور کیا ثبوت ہے۔

مولانا جلسے جلوس میں شرکت کرنے سے ہمیشہ گریز کرتے رہے۔ وہ اس طرح کے انسان تھے ہی نہیں۔ وہ بہت کم جلسوں میں شرکت کرتے اور وہ بھی اُس وقت جب کہ جس کی یاد میں یا جس مقصد کے لئے جلسہ منعقد ہو رہا ہو اُس سے اُن کو جذباتی وابستگی ہو۔ ایسے جلسوں کی تعداد یقیناً محدود ہوگی۔ ایسے محدود جلسوں میں بھی "زیادہ" وہی ہوں گے جو جامعہ نظامیہ کی اعانت یا اُس کے مقاصد کی ترویج و اشاعت کے لئے منعقد ہوئے۔ کون نہیں جانتا کہ مولانا نے جامعہ نظامیہ کے مالیہ کو مستحکم بنانے اور اُس کے مقاصد کو عام کرنے میں گرانبہا اور قابلِ رشک حصہ ادا کیا ہے۔ جامعہ کے قیام اور اُس کے ابتدائی دور میں اُس کے بانی اور اُن کے رفقاء کا جو بھی حصہ رہا ہو اس کے ارتقاء میں مولانا کی مساعی کو جامعہ کی تاریخ میں فراموش نہیں کیا جا سکیگا۔

مولانا کا علمی مرتبہ از حد بلند اور انتہائی افضل تھا۔ وہ رات دن تحریر

تصنیف اور تالیف کے امور میں مستغرق ہوتے۔ مختلف ممالک کے اکابر اور اور جدید علماء سے مولانا کی مراسلت تھی۔ کبھی کبھار مولانا ایسی شخصیات کا تذکرہ کرتے۔ اپنے ہمعصروں کا انہوں نے ہمیشہ عزت اور توقیر سے کام لیا۔ مولانا کی کئی تصانیف عالمی مقبولیت حاصل کر چکی تھیں۔ عرب ممالک اور یورپ کے علمی و مذہبی حلقوں میں ان کی تصانیف کو قدر و منزلت کی نگاہوں سے دیکھا جاتا تھا۔ سچے عالم ہونے کی مولانا کی ایک پہچان تھی۔ وہ بھی کوئی بات بلا تحقیق نہیں کہتے اور نہ لکھتے تھے۔ تحریر و تصنیف کے وقت جب بھی کوئی شبہہ ہوتا متعلقہ کتاب وہ فوراً دیکھ لیتے۔ یوں اُن کے علم کا بحر بیکراں اور بیکراں ہوتا رہا۔

حیدر آباد سے تروپتی آنے کے بعد مولانا سے ملاقات کا شرف کم ہی ہونے لگا۔ تاہم تعطیلات میں جب بھی حیدر آباد جانا ہوتا مولانا سے ایک آدھ بار ملاقات کا موقع نکل آتا۔ مولانا دیر تک گفتگو فرماتے۔ تروپتی اور جنوبی ہند کے کوائف، ملت کے حالات، دینی شعور، سماجی موقف اور ایسی ہی باتوں کو پوری توجہ سے سماعت فرماتے۔ گھریلو حالات بھی دریافت فرماتے۔ اس سے بڑی دل آسائی ہوتی۔ گزشتہ مئی (۱۹۷۵ء) میں نے حیدر آباد میں گذارا لیکن یہ بھی کیا بدنصیبی ہے کہ ہزار کوشش کے باوجود اس مرتبہ مولانا کی خدمت میں حاضر نہ ہو سکا۔ یہی سوچ رکھا تھا کہ اب اکتوبر میں حیدر آباد جانا ہو تو مولانا کی خدمت میں ضرور بر ضرور حاضر ہونگا لیکن تقدیر کو کچھ اور ہی منظور تھا۔ مولانا کی شدید علالت اور پھر انتقال کی خبر ملی۔ دل بجھ سا گیا۔ طبیعت پر ایک بوجھ سا محسوس ہوا۔

جذبات عقیدت اُمڈ آئے، قلم چلنے لگا۔ ابھی یہ تاثرات نامکمل ہی تھے کہ حیدرآباد سے قیصر صاحب کا مکتوب ملا۔ مولانا کے انتقال کی اطلاع دیتے ہوئے انہوں نے لکھا تھا انتقال سے ایک روز قبل مولانا نے مجھ کو یاد کیا اور فرمانے لگے "سلیمان مجھ سے ملنے نہیں آئے۔ اب کی تعطیلات میں وہ حیدرآباد آئے تھے یا نہیں" یہ پڑھتے ہوئے مجھ کو محسوس ہوا جیسے میں مولانا کا مقروض ہوں، اُن کی یادوں کا مقروض! "مولانا! میں آپ سے بے حد شرمندہ ہوں۔ آپ کی یادوں کا یہ قرض مجھ پر تاحیات رہے گا۔!"

غروبِ آفتاب!

مدراس۔حیدرآباد ایکسپریس "گوڈور" جنکشن پر کچھ دیر ٹھہرنے کے بعد پھر چل پڑی تھی۔ میں پلیٹ فارم پر نہیں اُترا تھا لیکن وہ لوگ جو پلیٹ فارم پر ستانے اور کچھ خریدنے کے لئے اُترے تھے، تیزی سے ڈبے میں سوار ہو رہے تھے۔ انہی میں میرے ایک دوست، ڈگری کالج ترویتی کے لیکچرر بھی تھے۔ انہوں نے ٹرین میں سوار ہونے کے بعد میرے قریب آکر کہا:

"ZAKIR HUSAIN EXPIRED!"

ZAKIR HUSAIN EXPIRED??????

YES, YES, ZAKIR HUSAIN, THE PRESIDENT!

میں مجسم حیرت تھا۔

YES. OUR PRESIDENT!!!!!

ایسا محسوس ہوا جیسے زوردار دھماکہ ہوا ہو یا ٹرین کسی المناک حادثہ سے دوچار ہو چکی ہو۔ مجھے کچھ سجھائی نہیں دیا کچھ دکھائی نہیں دیا جیسے کسی نے میری بصارت چھین لی ہو بصارت ہی کیا جیسے میرے حواسِ خمسہ بھی جواب دے چکے ہوں۔ میں چند لمحوں کے لئے بے حس و حرکت رہا۔ سکتہ کے عالم میں ہلاک شدہ و بے جان اور میرے ہمسفر نے مجھ کو جھنجھوڑا۔ جیسے کسی نے گہری نیند سے مجھ کو بیدار کیا ہو، بتدریج میرے حواس بجا ہوئے اور میرے منہ سے نکلا: آہ! ڈاکٹر صاحب چل بسے! اِنّا للہ و اِنّا

اِلَیہِ رَاجِعُون ہ

"ذاکر صاحب چل بسے" ——— کئی تو یہ کہہ کر خود کو تسکین دے لیں گے کہ وہ آج گئے کل ہم کو جانا ہے۔ ہر فرد جو بھی اس دارِ فانی میں آیا ہے ایک روز یہاں سے کوچ کرے گا۔ ذاکر صاحب نے ایک بھرپور اور نامور زندگی گذاری قوم کی خدمت کی، مخدوم ہوئے ——— وہ اپنی عمرِ طبعی کو پہنچ چکے تھے (۸۲) سال! ——— عقل مانے تو مانے، بھلا دل ان باتوں کو کب مانتا ہے۔ ذاکر صاحب کو تو کچھ اور عرصہ بقیدِ حیات رہنا چاہیئے تھا۔ کچھ اور عرصہ کچھ اور عرصہ کچھ اور عرصہ! دل سے ہر لمحہ یہی آواز آتی رہی، جیسے یہ آواز دل کی دھڑکنوں میں جذب ہو چکی ہو، روح میں تحلیل ہو چکی ہو، میرے وجود کا حصہ بن چکی ہو جیسے۔

میں یہ نہیں کہتا کہ ذاکر صاحب ایک فرد نہیں ایک عہد تھے، اپنی ذات سے ایک ادارہ اور انجمن تھے، اُن کی وفاتِ حسرت آیات سے ہندوستان کی تاریخ کا ایک باب ختم ہو گیا۔ اُن کے نہ ہونے سے ایک خلاء پیدا ہو چکا ہے۔ یا اس طرح کی اور باتیں ——— اس طرح کی باتیں کرنے والے تو اور کئی ہیں۔ کسی کی عظمت کا انحصار ذاکر صاحب کی عظمت کا انحصار اُن کے ادارہ یا عہد ہونے میں نہیں، دور یا دوراں ہونے میں نہیں۔ ذاکر صاحب ایک انسان ہی تھے۔ ایک ایسا انسان، جس نے ایک قوم کی تقدیر کو متاثر کیا ہو۔ وہ ایک عہد نہیں ایک لمحہ تھے ایک ایسا لمحہ جو جاوداں ہو چکا ہو۔ وہ نشانِ راہ تھے اور صاحبِ منزل بھی۔ اُن کی عظمت اس میں مضمر ہے۔

میں انسان کی بڑائی اور برگزیدگی کا اندازہ اس کے بڑے کارناموں، اس کی زندگی کے عظیم الشان واقعات، اس کے اونچے عہدے، عظیم

شخصیات سے اس کے مراسم کی روشنی میں نہیں، اسکی زندگی کے معمولی معمولی واقعات، چھوٹی چھوٹی باتوں اور قابل نظر انداز امور کو دیکھتے ہوئے کرتا ہوں کیونکہ آدمی جب بڑے کلام کرتا ہے۔ بڑے عہد سے اور بڑی شخصیات سے ملتا ہے تو اپنے آپ کو قدرے تیار بھی کر لیتا ہے۔ اس کی شخصیت میں آمد سے زیادہ آورد کی کیفیت پیدا ہو جاتی ہے لیکن روزمرہ کے کاموں، معمولی معمولی واقعات اور چھوٹی چھوٹی باتوں میں وہ اپنی شخصیت کو ڈھانک نہیں سکتا، درون کی پردہ پوشی ممکن نہیں، بچ منعکس ہو ہی جاتا ہے۔ اور ہم شخصیت کو پہچان اور راز درون سینخانہ جان لیتے ہیں۔

میں نے جب ذاکر صاحب کے سانحۂ ارتحال کی خبر سنی تو پتہ نہیں سطح ذہن پر کیا کیا نقش ابھر آئے۔ کتنے واقعات یاد آ گئے۔ وہ مواقع جب کہ ان سے ملاقات ہوئی تھی۔ ان کا چلنا، اٹھنا، بیٹھنا، انداز تخاطب، طرز گفتگو، لب و لہجہ، بانکپن اور وقار ——— ان کے خطوط، جن کو میں نے تعویذ جاں بنائے رکھا ہے۔ ان کا خوبصورت انداز تحریر، ان کے دلنواز اور پرکشش دستخط ——— وہ ان گنت واقعات جو مختلف کتابوں اور جریدوں میں پڑھے اور مختلف اصحاب سے سننے میں آئے۔ آج سب، جی ہاں سب، میرے حافظے میں میری آنکھوں کے سامنے لوٹ آئے ہیں آبدیدہ، گلوگیر ——— ! یوں لگتا ہے، جیسے میں ان سب کا مقروض ہوں اور یہ مجھ سے اپنا قرض مانگ رہے ہیں۔ ایک صدائے بازگشت کی طرح، ہر جانب سے ان کا انداز، ان کا اسلوب، ان کی آواز ——— میں حال سے بچھڑ کر ماضی میں کھو گیا۔

۱۹۶۲ء کی بات ہے پی ایچ ڈی کی ڈگری کے لئے میں نے رشید احمد صدیقی ۔۔۔ شخصیت اور فن" کے موضوع کا انتخاب کیا تھا۔ میرے لئے ضروری تھا کہ اُن اصحاب سے ربط پیدا کروں جن سے رشید صاحب کے مراسم رہے۔ ایسے اصحاب میں سرفہرست ذاکر صاحب کا نام تھا جو ایک عرصہ تک رشید صاحب کے "ہم نوالہ ہم اقامہ، ہم سبق اور ہم خیال تھے"۔۔۔ ذاکر صاحب اُس وقت ہندوستانی جمہوریہ کی نائب صدارت پر فائز، اُن کو مکتوب لکھنے کا خیال آیا لیکن دوسرے ہی لمحے یہ بات بھی ذہن میں آئی کہ وہ تو بڑے آدمی ہیں اور جیسا کہ بڑے آدمیوں کا خاصہ ہوتا ہے وہ عام طور پر خط و کتابت سے گریز کرتے ہیں اور اسی میں اپنی بڑائی پاتے ہیں۔ میں ٹھہرا ایک طالب علم، نائب صدر جمہوریہ ہند بھلا مجھے کیا خط لکھیں گے، میرے خط کا کیا جواب دیں گے۔ کچھ دن اسی شش و پنج میں گذر گئے۔ آخر کار مکتوب روانہ کر دیا، اس التماس کے ساتھ کہ میں فلاں تواریخ میں دہلی میں ہوں گا۔ رشید صاحب کے تعلق سے اُن سے ملاقات کا متمنی ہوں۔ مجھے توقع نہیں تھی کہ جواب آئے گا۔ لیکن ہفتہ عشرہ ہی میں نہ صرف ذاکر صاحب کا جوابی مکتوب آیا بلکہ انہوں نے میری دی ہوئی تواریخ میں ملاقات کے وقت کا تعین کر دیا!

ذاکر صاحب سے ملاقات کے نقوش، آج بھی میرے ذہن میں شفاف اور شاداب ہیں۔ میں یہ سطور تسوید کر رہا ہوں لیکن محسوس ہوتا ہے جیسے ۲۳ نومبر ۱۹۶۲ء ہے۔ شام کے ½۴ ساعت۔ میں نائب صدرِ جمہوریہ ہند کی کوٹھی ۲۔ مولانا آزاد روڈ، نئی دہلی کے باذوق اور مہذب

طریقہ سے سجے سجائے ملاقاتی کمرے میں بیٹھا ہوں کہ لیجئے ڈاکٹر صاحب تشریف لا رہے ہیں۔ میں تعظیماً استادہ ہو جاتا ہوں۔ وہ مجھ سے مصافحہ کر رہے ہیں۔ ہم دونوں رہیں صوفوں پر بیٹھ جاتے ہیں چند الفاظ میں میں اپنا تعارف کرواتا ہوں۔ وہ مجھ سے میری تعلیم اور حیدر آباد کے بارے میں اتنی باتیں پوچھ لیتے ہیں کہ بے گانگی کا احساس مٹ جاتا ہے۔ جیسے میں کسی مشفق کسی بزرگ رشتہ دار سے گفت و شنید کر رہا ہوں۔ وہ میرے ہر سوال کا جواب دلنشینی سے دیتے ہیں۔ رشید صاحب کا تذکرہ کرتے ہوئے اُن کی نگاہوں میں روشنی، چہرے پر شگفتگی اور لہجہ میں دلنوازی پیدا ہو جاتی؛ رشید صاحب کے بارے میں اُن کا یہ جملہ آج بھی میرے کانوں میں گونج رہا ہے "رشید صاحب جیسا دوست کسی کو ملے تو اس کو مطمئن ہو جانا چاہئے" اسی دوران انہوں نے مجھ سے کہا کہ رشید صاحب کی سوانح کا باب تیار کر لوں تو اُس کی ایک کاپی اُن کی خدمت میں ارسال کر دوں۔ میں بات چیت کرتا رہا، جو چیز میں نے محسوس کی وہ یہ کہ ذاکر صاحب نے اپنے عہدہ کے شکوہ، دبدبے رعب اور شان کو کسی طرح نمایاں ہونے نہیں دیا بلکہ وہ ایک عام انسان کی طرح گفتگو کرتے رہے اور بحیثیت انسان کے اپنی شرافت، خلوص اور اپنائیت کا جادو جگاتے رہے۔ میں مسحور ہوتا رہا — کسی نے کہا ہے کہ بڑے آدمی کی پہچان یہ ہے کہ اُس سے ملاقات کے بعد ہم میں بڑائی کا احساس پیدا ہو۔ کچھ اسی طرح بڑائی و عظمت کا احساس لئے میں اُن سے رخصت ہوا۔

اس ملاقات کو عرصہ ہو چکا۔ سنہ ۱۹۶۷ء میں اپنے مقالہ کی تیاری کے

سلسلے میں مجھ کو ایک اور بار دہلی اور علیگڑھ کا سفر درپیش ہوا۔ اُسی
عنایت کے ساتھ میری مقررہ تواریخ میں ذاکر صاحب نے ملاقات کا شرف
بخشا۔۔۔ ذاکر صاحب سے پہلی ملاقات کے نقوش میرے ذہن میں
تازہ تھے، کسی گلاب نہیں، گلابوں کے تختے کی طرح ۔۔۔ لیکن ذہن میں
یہ خیالات بھی آرہے تھے ذاکر صاحب سے دوبارہ تعارف کی ضرورت ہوگی۔
پہلی ملاقات کو تین سال کا عرصہ ہو چکا ہے...... اس طویل عرصہ میں
وہ مجھ کو کیوں یاد رکھنے لگیں...... پتہ نہیں ان کو روزانہ کتنے افراد سے
ملاقات کرنی پڑتی ہے...... وغیرہ وغیرہ۔ لیکن میرے استعجاب کی حد نہ رہی
میں اسی ملاقاتی کمرے میں جس میں دو برس ۱۹۶۲ء میں بیٹھا تھا ذاکر صاحب کا
انتظار کر رہا تھا۔ چند لمحے گذارنے نہ پائے کہ ذاکر صاحب تشریف لائے۔
ان کے قدموں کی چاپ، ان کی چال میں آج تک فراموش نہ کر سکا ہوں،
جیسے عزم و یقین اور محکم ارادے کی صلابت کسی پیکر میں ڈھل گئی ہو۔
جیسے تدبر، سنجیدگی اور متانت نے کسی انسان کا روپ دھار لیا ہو۔ جیسے
فلسفہ و فکر مجسم ہو چکے ہوں، جیسے شائستگی اور شرافت خراماں ہو۔ جیسے
کلاسیکی قدریں گوشت اور پوست کی صورت میں چلی آرہی تھی، ابھی میں
تسلیم کر ہی پایا تھا کہ ذاکر صاحب نے مصافحہ کیلئے ہاتھ آگے بڑھاتے ہوئے
دریافت کیا۔ "کہئے، اچھے ہیں آپ۔ آپ کا مقالہ ختم نہیں ہوا؟" ۔۔۔ ذاکر صاحب
کے ان الفاظ نے مجھ میں ایک عجیب امنگ اور حوصلہ پیدا کر دیا۔ مجھے مسرت
ہوئی کہ ذاکر صاحب نے مجھ کو فراموش نہیں کیا ہے۔ میں نے انہیں رشید صاحب
کی سوانح کا باب پیش کیا۔ چند لمحوں کے لئے انہوں نے اِدھر اُدھر سے اس کو

دیکھا، اظہار پسندیدگی کیا اور پھر میرے بارے میں دریافت کرنے لگے۔ مجھے محسوس ہوا، جیسے میں اپنے کسی عزیز سے مدت کے بعد مل رہا ہوں اور وہ میرے حالات دریافت کر رہا ہے۔

میں سمجھتا تھا طنز و مزاح کے بارے میں ڈاکر صاحب کے معلومات کچھ یونہی سے ہوں گے لیکن انہوں نے اردو طنز و مزاح نگاروں پر ایکیڈیمک اور مبسوط لیکچر دیدیا بلکہ ترکی کے نامور مزاح نگار نصرالدین خواجہ کے بارے میں اتنی معلومات بہم پہنچائیں جو شاید ہی کہیں اور مجھ کو دستیاب ہوتیں۔ میں ہمہ تن گوش بنا ذاکر صاحب کی گفتگو سماعت کرتا رہا۔ چائے مع لوازم کے آ گئی۔ انہوں نے مجھ سے چائے پینے کے لیے کہا اور خود کہنے لگے۔ اسلوب کیا ہے، تنقید کیسی ہونی چاہیئے، ادب میں شخصیت کا کیا مقام ہے، خطوط میں شخصیت کیونکر وضع ہوتی ہے۔ وغیرہ وغیرہ! — غرض مختلف مواقع پر ذاکر صاحب کے بارے میں جو کچھ پڑھا اور سنا تھا ذاکر صاحب کی شخصیت کو اس سے کہیں زیادہ وقیع، جیم، جامع، گمبھیر، قد آور، باوزن باوقار، پرشکوہ اور بیکراں پایا۔ کہیں زیادہ، کہیں زیادہ!! —

ذاکر صاحب سے ملاقات کے لیے جتنا بھی وقت مقرر ہوتا وہ ہمیشہ اس سے زیادہ دیر تک گفت و شنید کرتے تاآنکہ پرائیویٹ سکریٹری آکر کہہ نہ دیتے کہ ملاقات کے لئے کوئی اور آچکا ہے۔ میں چاہتا تھا کہ وہ بیٹھے ہی رہیں اور میں مصافحہ کر کے رخصت کی اجازت چاہوں، لیکن وہ عجیب بڑے آدمی تھے کہ ایستادہ ہو کر مصافحہ کرتے اور میرے ساتھ کمرے سے باہر تک آکر وداع کرتے۔ اُن کی شخصیت کا یہی دلربا اور دلنواز پہلو

چھوٹوں سے پیار و محبت کا برتاؤ۔ اُن میں بڑائی پیدا کرنے کا جذبہ اور اُن کو بڑا دیکھنے کی تمنا' اُن کا انکسار' اُن کا اخلاص ـــــ اُن کی شخصیت کے یہی وہ دلآویز پہلو تھے جو کئی دلوں میں گھر کر چکے ہیں۔ آج اُن کو ڈھونڈنے کوئی کہاں جائے؟ کہاں جائے؟ کیا کرے؟ آج حیدرآباد کے در و دیوار غم زدہ ہیں' آج قائم گنج کا ماحول سربگریباں ہے۔ علی گڑھ مسلم یونیورسٹی خاموش' ریاست بہار' خزاں رسیدہ' مولانا آزاد روڈ ماتم کدہ اور راشٹرپتی بھون سراپا حزن و ملال بنا نوحہ کناں ہے۔ مکیں آج یہ مکاں چھوڑ کر چلا گیا ہے۔ ہمیشہ ہمیشہ کے لئے۔ دلی سوگوار ہے' چپ چاپ' ماتم کناں' مہر بلب' چاک گریباں اور ان سب سے بڑھکر جامعہ ملیہ اسلامیہ ـــــ ذاکر صاحب' جنھوں نے جامعہ ملیہ کو قرار و استحکام بخشنے کے لئے گرانبہا حصہ ادا کیا اِس کے معماروں سے زیادہ۔ آج بس ایک آنسو بن چکی ہے۔ خون کا آنسو! ذاکر صاحب جنھوں نے جامعہ کو حیات نو بخشی' اسی کے دامن میں آسودۂ خاک ہیں۔ کلُّ من علیہا فان!

ذاکر صاحب سے دوسری ملاقات کے بعد اُن کی شفقت کچھ ایسی رہی کہ جب بھی خط لکھا بڑی چاہ سے' بڑے شوق سے جواب سے سرفراز کرتے۔ صدر جمہوریہ کی حیثیت سے اُن کے انتخاب پر' نیز اُن کی ہر سالگرہ پر خط لکھتا' چند ہی روز میں جوابی مکتوب آتا۔ تہنیت کا شکریہ ادا کرتے ہوئے' نیک خواہشات کا اظہار اور دعاؤں کا انبار ـــــ!

میں نے پی ایچ ڈی کی ڈگری حاصل کی اُن کا مبارکبادی کا مکتوب آیا۔ میں نے اپنے مقالے کی اشاعت کی تیاری شروع کی' رشید صاحب سے

گہرے مراسم کی روشنی میں چاہتا تھا کہ میری کتاب "رشید احمد صدیقی۔ شخصیت اور فن" کا پیش لفظ ڈاکر صاحب تحریر فرمائیں۔ میں نے اپنی اس خواہش کا اظہار کیا۔ وہ جمہوریہ ہند کی صدارت پر فائز ہو چکے تھے اُن کی مصروفیات اور اژدوں ہوگئی تھیں۔ اُن کو پیش لفظ لکھنے کے لئے وقت کہاں! میرا ایقان یہی تھا اس لئے بھی کہ اپنی قومی و ملکی مصروفیات کے باعث اُن کی علمی اور ادبی سرگرمیاں ختم نہ ہو چکی تھیں تو ختم ہونے کے برابر ضرور تھیں۔ انہوں نے پیش لفظ تو نہیں لکھا لیکن جس خوبی اور خوبصورتی کے ساتھ انہوں نے اس سے گریز کیا اس سے میری دل شکنی نہیں ہمت افزائی ہوئی حوصلہ ملا۔ وہ خط میرے سامنے ہے۔ وہ لکھتے ہیں:۔

"سچ تو یہ ہے کہ مجھے یہ رسم پسند نہیں ہے۔ دوسروں سے کچھ لکھانے کی بجائے خود ہی لکھنا چاہیئے آپ بھی اگر اس رسم سے بچ سکیں تو احتراز فرمایئے۔"

چنانچہ میں نے اپنی کتاب کو کسی پیش لفظ کے بغیر صرف ڈاکٹر مسعود حسین خاں صاحب کے تعارف کے ساتھ شائع کیا۔

کتاب شائع ہوئی میں نے سب سے پہلے ڈاکٹر صاحب کی خدمت میں روانہ کی ۲۰، ۲۵ روز ہی میں ڈاکٹر صاحب کا عنایت نامہ پہنچا۔ انہوں نے کتاب کے بارے میں اپنی گرانقدر رائے ان الفاظ میں تحریر کی:۔

"یہ کتاب مجھے اس لئے عزیز ہے کہ میرے ایک عزیز ترین دوست کی زندگی اور کام کی تصویر پیش کرتی ہے۔"

ذاکر صاحب شریف النفس اور جامع الصّفات انسان تھے۔ میں اُن کو صوفی منش تو نہیں کہتا لیکن بڑے وسیع النظر، روادار اور کھلے ذہن کے مالک تھے۔ فراخ سینے کی طرح اُن کا دل بھی فراخ تھا۔ لوگ کہتے ہیں کہ ذاکر صاحب نے زمانہ سازی کی۔ یہ اُن نامرادوں اور کم ظرفوں کا نقطۂ نظر ہے جن کو زمانہ سازی کے باوجود کچھ نہ مل سکا۔ ایسا کہنے میں ذاکر صاحب پر الزام کم اور زمانے سے شکایت زیادہ ہے۔ ایسے اصحاب ذاکر صاحب کی زندگی کے اُن پہلوؤں سے مجرمانہ غفلت برتتے ہیں جب کہ وہ بہ زمانہ ستیز رہے۔ ذاکر صاحب نے عدم تعاون کی تحریک سے تعاون کیا اور ام۔اے۔ او کالج علیگڈھ کا جب کہ وہ ام۔اے (معاشیات) کے طالب علم تھے بائیکاٹ کیا۔ کیا یہ زمانہ سازی تھی؟ کیا یہ زمانہ سازی تھی کہ جرمنی سے معاشیات میں ڈاکٹریٹ کی ڈگری حاصل کر کے آئے اور پروفیسر شپ کے بڑے بڑے پیش کشوں کو ٹھکراتے ہوئے قلیل مشاہرہ پر جامعہ ملیہ کی خدمت کے لئے خود کو وقف کر دیا۔ جامعہ ملیہ کی تقدیر ہی بدل دی۔ کیا اِسی کو زمانہ سازی کہا جائے گا کہ ١٩٤٧ء میں جب کہ علیگڈھ مسلم یونیورسٹی، فرقہ پرستوں کی یلغار کی زد میں تھی آنجہانی نہرو اور مولانا آزاد مرحوم کے ایماء پر کسی کی پرواہ کئے بغیر مسلم یونیورسٹی کی وائس چانسلری کی ذمہ داری سنبھالی اور یونیورسٹی کے لئے مسیحا کا کام کیا۔ ذاکر صاحب گورنر بہار ہوئے لیکن یہ ذاکر صاحب کی قدر افزائی نہیں تھی گورنری کے عہدے کو آبرومند کیا گیا۔ ذاکر صاحب نائب صدر جمہوریۂ ہند منتخب ہوئے یہ ملک و قوم کیلئے اُن کی بے شمار خدمات کا معمولی صلہ تھا اور پھر جمہوریۂ ہند کی صدارت پر

اُن کا انتخاب ذاکر صاحب کے لئے وجہِ افتخار نہیں مسز گاندھی کی حکومت کے وقار اور کانگریس کے معلنہ سیکولرازم کے بقاء و استحکام کے لئے ایسا ناگزیر تھا۔ ذاکر صاحب کی کامیابی مسز گاندھی کی شخصی کامیابی تھی اور آج ڈاکٹر صاحب کی وفات بھی مسز گاندھی کا شخصی سانحہ ہے!!

ذاکر صاحب کی زندگی ایثار و قربانی کی داستاں ہے جو آغاز تو ہوئی علیگڈھ سے لیکن جو ابھی تک ناتمام ہے اور ہمیشہ ناتمام رہے گی۔ ذاکر صاحب اس دنیا سے کوچ کر چکے لیکن جب تک جامعہ ملیہ رہے گا ذاکر صاحب کے ایثار و قربانی کی باتیں کہی اور سنی جائیں گی۔ بلکہ لوک کہانیوں کی طرح یہ ملک کے طول و عرض میں اور ناموں کے ساتھ بھی لوگوں کی زبانوں پر رقصاں اور حافظے میں جاگزیں ہوں گی۔ ذاکر صاحب عزمِ مستحکم، یقینِ کامل اور اطمینانِ قلب کی دولت سے مالا مال تھے جس قدر خود اعتمادی اِن میں پائی جاتی تھی اس کی مثالیں بہت کم ملیں گی۔ چند ایک ہی شاید کوئی نہیں۔ اِس موقع پر مجھ کو ایک واقعہ یاد آرہا ہے، کوئی بڑا واقعہ نہیں لیکن اس چھوٹے سے واقعہ سے ذاکر صاحب کی عظمت اور برگزیدگی کا اظہار ہوتا ہے ـــــ صدر جمہوریہ ہند کے انتخاب کے لیے رائے دہی ہو چکی ہے۔ ذاکر صاحب کانگریس کے امیدوار ہیں۔ کانگریس کے صفِ اول کے قائدین بشمول مسز گاندھی نے اپنے وقار کی بازی لگادی ہے ان سب کی دوڑ دھوپ جاری ہے۔ ہر ایک یہ جاننے کے لئے بے چین ہے کہ کون صدر منتخب ہوا ہے کانگریس کے وقار کی سلامتی، ڈاکٹر صاحب کے انتخاب میں مضمر ہے۔ ووٹوں کی گنتی جاری ہے...... گنتی ختم ہو چکی ...... ذاکر صاحب کا

انتخاب عمل میں آگیا۔ انتخابی عہدیداروں نے فون کیا۔ ڈاکر صاحب کو اطلاع دینے کے لیے۔ سہ پہر کا وقت تھا۔ معلوم ہوا ذاکر صاحب ظہر کے بعد حسبِ معمول آرام کر رہے ہیں۔ کامیابی کی اطلاع اُن کو بیدار کر کے دی گئی۔ آیا یہ اطمینانِ قلب یونہی حاصل ہو جاتا ہے؟ کتنی ریاضت، کس قدر اہتمام، کس قدر ایثار اور اپنے آپ کو کتنا تیاگ دینے کی ضرورت ہوتی ہے تب ہی یہ دولتِ بیدار ہاتھ آتی ہے۔ یہ منصب جلیل ملتا ہے۔ ذاکر صاحب پر الزام عاید کرنے والے ایک لمحہ تو سوچیں ——

ذاکر صاحب نے معلمی کی، میں اُن کا طالبِ علم نہیں رہا۔ انہوں نے سیاسی قیادت کی، میں اُن کا پیرو نہ ہوا۔ مجھ کو وہ زمانہ میسر ہی نہ آیا۔ وہ دو جامعات کے وائس چانسلر رہے، مجھ کو اُن میں تعلیم حاصل کرنے کا موقع نہ ملا۔ بہار کی گورنری کی، میں اُس ریاست کا باشندہ نہ ہوا۔ وہ نائب صدر جمہوریۂ ہند اور صدر جمہوریۂ ہند ہوئے، میرا سر عز و افتخار سے بلند ہو جاتا ہے کہ میں اسی جمہوریہ کا شہری ہوں۔ لیکن میں خود کو اس سے زیادہ بیکراں اور جاوداں انبساط کا حامل پاتا ہوں جب میں سوچتا ہوں کہ ایک ایسے انسان سے ملاقات کی اور مراسم پیدا کیے جو فرشتہ نہیں صرف انسان تھا جس میں ہر اچھے انسان کی طرح معائب بھی تھے اور محاسن بھی! معائب کم محاسن زیادہ!! وہ جامع الحیثیات تھے۔ ایک آفتاب، جس نے اپنی روشنی سے ادب اور زندگی کے کئی گوشوں کو منور کیا۔ آفتاب جو خود جلتا ہے مگر سب کو روشنی دیتا ہے۔ ذاکر صاحب نے بھی زندگی بھر ایثار اور قربانی سے

کام لیا۔ انہوں نے لے کر نہیں، دے کر خوش رہنا سیکھا۔ انہوں نے خود صعوبتیں اٹھائیں مگر اوروں کے لئے سازگار ماحول پیدا کیا۔ آج جب اُن کے بعد ایک گہری تاریکی، گھٹا ٹوپ اندھیرا، بے کراں سناٹا، بے پایاں سکوت، بے شعور اُداسی، مایوسی، پژمردگی، ویرانی، ناامیدی اور گھٹن محسوس ہوتی ہے تو سوچتا ہوں ذاکر صاحب کی وفات آیا غروب آفتاب سے کم ہے!

جنگل اُداس ہے!......

ریڈیو سے جیسے تاریکی اُبل پڑی ہو، صورتِ سیلاب! میں کیا دیکھتا ہوں، میرے کمرے کے سارے بک شیلف، تاریکی کے اس ریگذرِ سیلِ بے پناہ میں ہیں اور ایک ایک کتاب، ایک ایک جریدہ، اس تاریکی کی نذر ہوتا جارہا ہے۔ تاریکی، تاریکی، تاریکی! جیسے تاریکی ہر کتاب کا مقدر بن چکی ہو! جو کتاب بھی اُٹھاتا ہوں، صفحات سیاہ ہیں اور ان پر گویا سیاہی سے ہی لکھا گیا ہے۔ ہر جریدہ کا یہی عالم ہے۔ کچھ سجھائی نہیں دیتا۔ کچھ نظر نہیں آرہا ہے۔ میں پڑھنا چاہتا ہوں، پڑھ نہیں سکتا۔ لکھنا چاہتا ہوں، لکھ نہیں سکتا۔ جیسے میرے ہاتھ شل ہو چکے ہوں، جیسے میرے قلم کی روشنائی خشک ہو چکی ہو، جیسے میرے ہاتھ میں قلم ہی نہ ہو ——— یوں لگتا ہے جیسے میں اپنے ماحول سے بہت دور، اپنے آپ سے دور، بہت دور کہیں خلاء میں ہوں، جہاں تاریکی کے سوائے اور کچھ نہیں! ——— ریڈیو سے ابھی ابھی نشر شدہ خبر رشید صاحب کے انتقال کی اطلاع میرے ماحول پر مسلط ہو چکی ہے، میرے کانوں میں گونجتی، میری شخصیت کا جزو بنتی جارہی ہے! ——— رشید صاحب! رشید صاحب!! ——— رشید صاحب!!! ——— جیسے ہر سمت سے یہی صدا آرہی ہو، یہی نام سنائی دے رہا ہو، رشید صاحب!!! ——— رشید صاحب کے انتقال کی اطلاع میرے لئے ایک طرح سے غیر متوقع نہیں تھی۔ کئی برسوں سے خود رشید صاحب اپنے مکاتیب میں

اپنی صحت کے بارے میں تحریر فرماتے اور اِدھر دیگر اصحاب اور علیگڑھ سے آنے جانے والوں سے بھی رشید صاحب کی صحت کے بارے میں اطلاعات ملتی رہتیں جو ظاہر ہے اطمینان بخش نہیں، مایوس کن ہی تھیں —— رشید صاحب (۸۱) برس کی عمر پا چکے تھے —— ایک بھرپور، کامیاب، قابل رشک اور لائق تقلید زندگی! بحیثیت ادیب اور انشاء پرداز کے زبان و ادب کو جو وہ دے سکتے تھے دے چکے تھے، لیکن پھر بھی یقین سا تھا کہ رشید صاحب ابھی اس دارِ فانی سے کوچ نہیں کریں گے۔ انہوں نے لکھنا، پڑھنا، ملنا ملانا کم کر دیا تھا۔ نہیں کے برابر —— تاہم اُن کا دم غنیمت تھا۔ وہ اردو ادب کی اُمید اور اردو والوں کا شہر آرزو تھے۔ بحیثیت فنکار اور بحیثیت شخص کے بھی اُن کا اپنا ایک رنگ تھا۔ اور اُن کی پہچان صرف اُن سے ممکن تھی۔ انہوں نے غزل کو اردو شاعری کی آبرو قرار دیا تھا۔ اِس میں کوئی شبہ نہیں کہ خود رشید صاحب اردو ادب کی آبرو تھے۔ انہوں نے اردو ادب کو وہ مرقع دیئے کہ شخصیات جیتی جاگتی چلتی پھرتی، سامنے آگئیں۔ اُن کی تنقید کہ جس پر تخلیق کا گمان ہوتا ہے۔ اُن کا طنز و مزاح کہ جو اپنی جگہ متین اور کلاسیکی قدروں کا حامل ہے اور اُن کا اسلوب کہ جو اردو کی عالمانہ، سنجیدہ، شائستہ اور شستہ روایات سے رچا بچا ہے —— ایک رشید صاحب کے اٹھ جانے سے کیا کچھ نہیں اُٹھ گیا۔ کس کس کو روئیے، کس کس کا ماتم کیجئے۔ اور رشید صاحب کو ڈھونڈیئے بھی تو کہاں؟ کس بزم میں، کس انجمن میں، کس محفل میں اور کس مجلس میں ——؟

رشید صاحب مجلسی آدمی ضرور تھے لیکن دیوانِ عام کے نہیں، دیوانِ خاص کے! میں سمجھتا ہوں، رشید صاحب کی شخصیت کی اس سے بڑھ کر اور بہتر آئینہ داری میں نہیں کر سکتا' اور کوئی بھی نہیں۔ وہ ملتے اور کھلتے ضرور تھے لیکن گنے چنے افراد سے اور صرف مخصوص محفلوں میں اُن کی گلفشانیٔ گفتار دیکھنے کے لائق ہوتی' ورنہ وہ عام طور پر تجاہلِ عارفانہ سے پیش آتے۔ اُن کا انداز' اُکھڑا اُکھڑا' کھُردرا اور بے مروتی کا حامل ہوتا۔ لوگوں کے لئے ناپسندیدہ بھی۔ مشہور ہے کہ رشید صاحب گھر پر رہتے ہوئے ملاقات کے لئے آنے والوں کو واپس کر دیتے، اُن سے ملاقات نہیں کرتے' اور ان آنے والوں میں ہما شما ہی نہیں' بیشتر ذی اثر اصحاب' ریڈیو اسٹیشنوں کے عہدیدار' ممتاز ادبی جرائد کے مدیران صفِ اوّل کے شاعر' ادیب اور اُن کے پرستار ہوتے۔ رشید صاحب کا مزاج ہی کچھ ایسا تھا — ہاں وہ جس کسی سے ملتے' خصوصاً بے تکلف احباب سے' بہت کھل کر ملتے کسی نقاب' کسی ذہنی تحفظ کے بغیر۔ اُن سے نہ ملنے اور نہ مل سکنے والوں اور اُن کے مابین جو بھی دیوار رہی ہو لیکن اُن کے محدود حلقۂ احباب میں اُن کی شخصیت باغ و بہار ہوتی۔ اُن کے ایسے احباب سے جب بھی ملاقات ہوتی وہ رشید صاحب کے بیان کردہ لطیفے مزے لے لے کر سناتے۔ ان لطیفوں کو سننے کے بعد رشید صاحب سے ملاقات ہو تو یقین نہ آتا کہ ان لطیفوں کی خالق یہی شخصیت ہوگی: وہ بھی پھینکی، سپاٹ۔ لیکن اس کو کیا کیا جائے کہ یہی شخصیت تھی ان لطیفوں اور ادب میں طنز و مزاح کے اپنی طرح کے پھول کھلانے اور

کیف و کم پیدا کرنے کا باعث جس سے عام آدمی مل کر بھی نہیں مل پاتا رشید صاحب اپنی شخصیت کو اپنے آپ کو سینت سینت کر سنبھال سنبھال کر رکھنے کے عادی تھے!

رشید صاحب، صورت سے مزاح نگار دکھائی نہیں دیتے تھے۔ ایسا کچھ ضروری بھی نہیں۔ نہ جانے ایسے کتنے مزاح نگار ہیں جو صورت سے مرثیہ گو لگتے ہیں۔ رشید صاحب ایسے بھی نہیں تھے بلکہ لئے دیئے سے شستہ و شائستہ ——— اردو کی ساری تہذیبی روایات جیسے ان کی شخصیت کا جزو بن چکی ہوں، جیسے علمیت نے اس پیکر میں پناہ ڈھونڈلی ہو جیسے شعر و ادب کی عالی اور باوقار قدریں ان کی شخصیت کے سایہ میں آکر اور زیادہ عالی اور زیادہ باوقار ہو چکی ہوں اور زیادہ محترم اور زیادہ موقر! ——— مجھے وہ دن، وہ وقت کبھی نہیں بھولتا۔

۲۴ نومبر ۱۹۶۲ء: شام کے چار پانچ بجے کا وقت ہے۔ میں رشید صاحب کے دولت کدہ میں گلابوں کے باغیچہ کی سمت واقع دروازہ سے داخل ہوتا ہوں۔ رشید صاحب کو عرصہ دراز تک گلابوں کا شوق رہا۔ ان کے مکان میں نوع بنوع، رنگ برنگ اور طرح طرح کے گلابوں کا خوبصورت سا دلکش، نظروں کو طراوت، دل کو فرحت اور دماغ کو سکون بخشنے والا پیارا سا باغیچہ ہے۔ جس کے باغبان بھی وہی تھے۔ گلابوں سے یہ محبت ان کی شخصیت کا کچھ ایسا جزو لاینفک بن چکی تھی کہ وہ تا دم مرگ اردو ادب کے باغ میں بھی اپنے قلم سے گلاب کھلاتے، مہکتے اور مہکاتے رہے۔ ان کے ان گلابوں سے اردو ادب کا چمن سدا مہکتا رہے گا۔

میں دیکھتا ہوں۔ گلابوں کی کیاریوں میں کوئی مصروف ہے —— اوسط قد، اوسط جسامت، بڑی بڑی آنکھیں، گھنی بھنویں، چھوٹی پیشانی جس پر سالہا سال کے غور و فکر کے شکنوں کی صورت میں نشان، قدرے موٹے موٹے ہونٹ، لبیں ترشی ہوئیں، مضبوط تھوڑی کھلتا ہوا رنگ، علیگڑھ کٹ پاجامہ، ٹوپی پہنے، عینک لگائے۔ یہ تھے رشید احمد صدیقی! —— رشید صاحب مجموعی طور پر اوسط خدوخال کے انسان تھے۔ ایسے کہ پہلی ملاقات میں اوروں کو متاثر نہ کرسکیں۔ میں بھی کچھ ایسا متاثر نہ ہوا۔ دراصل وہ اُن فنکاروں میں سے تھے جو اپنے ظاہر سے نہیں اپنے باطن سے، اپنے فن سے، اپنی تحریر سے اوروں کو متاثر کرتے اور اُن کا یہ تاثر دیرپا گہرا اور ہمہ گیر ہوتا اس حد تک کہ اردو ادب ان اثرات سے کبھی گلو خلاصی حاصل نہیں کرسکتا، نہیں کرسکے گا۔ پہلی بار رشید صاحب کو دیکھ کر مجھ کو اپنے شفیق استاد سروری صاحب کی یاد آگئی۔ سروری صاحب بھی ایک ایسی ہی شخصیت تھے جو اپنے خدوخال سے نہیں اپنے موضوعات کی وسعت، اپنی تحریر کی دلنوازی، گہرائی اور گیرائی سے لوگوں کو اپنا بنا لیتے، دلوں کو فتح کرلیتے۔

رشید صاحب سے میری یہ پہلی ملاقات اپنے تحقیقی مقالے کے سلسلہ میں تھی جو اُن کی شخصیت اور فن کے بارے میں ہے۔ وہ ان دنوں مسلم یونیورسٹی کے شعبہ جنرل ایجوکیشن کے سربراہ تھے۔ میں اس موقع پر (۲۵ یا ۳۰) روز علیگڈھ میں رہا۔ رشید صاحب سے روزانہ عموماً دو مرتبہ ملاقات ہوتی صبح اُن کے شعبہ میں اور شام میں اُن کے دولت کدے پر

رشید صاحب سے اُن کی زندگی اور فن کے مختلف پہلوؤں پر گفت و شنید ہوتی۔ وہ میرے ہر استفسار کا اطمینان بخش جواب دیتے۔ تفصیل سے دل جمعی سے گفتگو ہوتی ـــــ لب و لہجہ ایسا جیسے مخاطب کو اپنے دل میں جگہ دے رہے ہوں۔ آواز بہت دھیمی نہ سہی لیکن دھیمی ہی۔ الفاظ تول کر نہیں، جیسے اُن کی قدر و قیمت کو بہ تمام و کمال محسوس کرتے ہوئے ادا کر رہے ہوں ـــــ انہوں نے اس دوران اپنے بیشتر نایاب مضامین کے مسودات سے نوازا۔ چند ایک جرائد بھی دیئے جن میں اُن کے مضامین شائع ہو چکے تھے اور جو اب کمیاب ہیں۔ رشید صاحب کے خلوت نشین اور عام طور پر لوگوں سے ملاقات گریز رویہ کے باوجود میرے لئے اُن کا یہ فراخدلانہ رویہ، تعجب خیز نہیں تھا۔ اس کی وجہ میرے تحقیقی کام کے نگراں محترم مسعود صاحب کی وساطت تھی۔ رشید صاحب مسعود صاحب کو اپنے صاحبزادے احسان رشید کی طرح عزیز رکھتے اور جب بھی اُن کا تذکرہ کرتے، بے حد اپنائیت اور خلوص سے! میں حیدرآباد سے علیگڑھ مسعود صاحب کی ہدایات کے ساتھ پہنچا تھا ـــــ رشید صاحب سے کب اور کہاں ملاقات کرنی چاہیئے وہ کس طرح کے موضوعات پر گفتگو پسند اور کس نوع کے موضوعات پر گفتگو ناپسند کرتے ہیں۔ وہ کتنی دیر تک ملاقاتی کو برداشت کر سکتے ہیں۔ اُن سے ملاقات کے اوقات ممنوعہ کیا ہیں۔ وہ کن افراد کے بارے میں گفتگو پسند نہیں کرتے، اُن کے کھانے اور آرام کے اوقات! ـــــ غرض اسی طرح کی تفصیلات! مزید برآں میرے لئے حالات ساز گار یوں بھی ہوئے کہ رشید صاحب کے صاحبزادے ڈاکٹر احسان رشید (جو اس وقت

مسلم یونیورسٹی میں معاشیات کے ریڈر تھے اور ان دنوں کراچی یونیورسٹی کے وائس چانسلر ہیں) سے دوستانہ مراسم پیدا ہو گئے شام میں مکان پر رشید صاحب کے ساتھ عموماً وہ بھی ہوتے۔ مجھ کو رشید صاحب کی ادبی اور شخصی زندگی کے بارے میں بے شمار معلومات احسان صاحب سے بھی حاصل ہوئے۔

اپنے مقالے ہی کے سلسلے میں ۱۹۶۵ء میں دوبارہ میں نے علیگڑھ کا سفر کیا۔ احسان صاحب اس وقت تک کراچی منتقل ہو چکے تھے، لیکن اس موقع پر وہ علیگڑھ آئے ہوئے تھے۔ ان دنوں میں (۱۸)، (۲۰) روز علیگڑھ میں رہا۔ رشید صاحب کی اعانت میرے شامل حال رہی۔ اب وہ جنرل ایجوکیشن کے شعبہ سے سبکدوش اور گھر ہی پر رہا کرتے تھے۔ جب بھی ملاقات کے لئے پہنچتا، خوشدلی کے ساتھ خیر مقدم کرتے۔ اپنی تحریروں کے بارے میں گفتگو کرتے۔ مضامین اور کتابوں کے تراشوں اور نسخوں سے نوازتے۔ ۱۹۶۶ء میں، میں نے اپنا مقالہ عثمانیہ یونیورسٹی میں پیش کر دیا لیکن جب بھی علیگڑھ جانے کا ارادہ ہوتا۔ رشید صاحب کو خط لکھتا کہ ملاقات کے لئے حاضر ہو رہا ہوں۔ وہ اوروں کو ملاقات کا موقع نہ دیتے ہوں۔ مجھ کو انھوں نے کبھی مایوس نہیں کیا۔ یہ اُن کی شفقت تھی وہ میرے ہر مکتوب کا جواب دیتے اور اپنی علالت کی معذوریوں کے باوجود تادیر گفت و شنید کرتے۔ اس دوران شائع ہونے والی تصانیف تحفتاً دیتے اور تواضع کرتے۔ میں ان ملاقاتوں کے دوران، دوسرے ایڈیشن کے لیے اُن سے مواد حاصل کرتا رہا۔

اپنی کتاب "رشید احمد صدیقی" کے بارے میں، میں رشید صاحب کی رائے جاننا چاہتا تھا۔ پہلے ایڈیشن کے بارے میں تو رشید صاحب آسانی سے گزر گئے۔ انہوں نے ۱۷؍ فروری ۱۹۶۹ء کے اپنے مکتوب میں بس یہ لکھا۔

"جو کتاب اپنے ہی پر لکھی گئی ہو اس پر کیا لکھوں۔ یوں بھی کتاب وغیرہ پر بہت کم ریویو کرتا ہوں"۔

اور اب تو یہ حال حال کی بات ہے گذشتہ سال "رشید احمد صدیقی شخصیت اور فن" کا دوسرا ایڈیشن شائع ہوا۔ رشید صاحب باخبر تھے کہ اس کتاب کی دوسری اشاعت عمل میں آرہی ہے۔ میں نے کتاب شائع ہوتے ہی اُن کی خدمت میں ارسال کی۔ انہوں نے بڑی محبت، بڑی مہربانی اور بڑی اپنائیت کے ساتھ پذیرائی کرتے ہوئے کتاب کی وصولی کی اطلاع دی۔ فوراً ــــ اور چند روز بعد اپنے تاثرات روانہ کئے، وہی دلدار اور دلنشین ہو جانے والا اسلوب! مجھ کو محسوس ہوا یہ رشید صاحب کی تحریر نہیں، جیسے کچھ دیر کے لیے خود رشید صاحب میرے سامنے موجود ہوں، مجھ سے مخاطب!

"عزیز گرامی۔ سلام مسنون۔

"کتاب المناقب" (رشید احمد صدیقی۔ شخصیت اور فن) موصول ہوئی آنکھوں کی تکالیف کے باوجود جہاں تہاں سے ورق گردانی کر گیا۔ اس لئے اندازہ کہ ہر جگہ تعریف ہی تعریف تھی۔ کہیں تنقید تھی بھی تو برائے نام۔ جسے میں نے تسلیم کیا۔

دل میں اتنی وسعت تو ہونی ہی چاہیئے! آپ کے کرم کا شکر گزار ہوں۔

ہماری تہذیب کے بھلے یا بُرے جیسے تقاضے رہے ہوں اُن کو دیکھتے ہوئے کچھ ایسا خیال ہوتا ہے کہ کسی مصنف یا شاعر پر اس کی زندگی میں کسی شریف النفس طالبعلم کو تحقیقات کرنے میں تامل کرنا چاہیئے۔ اِس لئے کہ نوجوان تحقیق کرنے والے کی شرافتِ نفس اکثر اُس کی بے لاگ تنقید پر غالب آتی رہتی ہے۔

اُمید کہ آپ خوش و خرم ہوں گے۔

مخلص

رشید احمد صدیقی

رشید صاحب کا یہ مکتوب ۲۶ ستمبر ۱۹۷۶ء کا تحریر کردہ ہے اور میرے موسومہ رشید صاحب کا آخری مکتوب۔ رشید صاحب کا مکتوب جب بھی آتا ایک عجیب طرح کی مسرت حاصل ہوتی، جیسے کوئی گرانبہا تحفہ مِل گیا ہو۔ اپنی قدر اور افزوں، اپنی حیثیت اور معتبر اور اپنی شخصیت اور زیادہ وزن و وقار کی حامل دکھائی دیتی۔ میں سمجھتا ہوں اس طرح میں اپنے ہی نہیں اُن تمام کے جذبات و احساسات کی ترجمانی کر رہا ہوں جن سے رشید صاحب کی خط و کتابت رہی ہے۔

رشید صاحب لوگوں سے ملنے ملانے میں جس قدر بھی تکلف اور احتیاط سے کام لیتے ہوں اور اپنے قریبی احباب کے علاوہ دوسرے

گفتگو کے وقت اُن کی شخصیت کئی پردوں میں ڈھکی چھپی رہتی ہو لیکن مکاتیب میں انہوں نے اپنے آپ کو من وعن ظاہر کیا ہے۔ وہ یہاں اپنے باطن، اپنے دل ودماغ کو بھی برانگندہ نقاب کر دیتے ہیں۔ میرے پیش نظر صرف اپنے موسومہ رشید صاحب کے مکاتیب ہی نہیں ہیں بلکہ کئی مشاہیر کے موسومہ مکاتیب بھی، جو میری مرتبہ (زیر اشاعت) کتاب "مکاتیب رشید" میں شامل ہیں "مکاتیب رشید" کے مسودہ کی جب کبھی ورق گردانی کرتا ہوں لگتا ہے گویا دبستاں کھل گیا — رشید صاحب کے مکاتیب کا میں اردو میں کسی اور کے مکاتیب سے موازنہ کرنا نہیں چاہوں گا۔ قدر و قیمت معین کرنے کا یہ بھی ایک زاویہ ہو سکتا ہے لیکن ایک صاحب طرز انشاء پرداز ہونے کی حیثیت سے رشید صاحب کے مکاتیب کی اہمیت اور انفرادیت یہی ہے کہ وہ رشید صاحب کے مکاتیب ہیں۔ کسی موازنہ، کسی مقابلہ سے بالاتر، اپنی عظمت و توقیر کا پرچم آپ بلند رکھے ہوئے۔ رشید صاحب اپنے مکاتیب پسند نہیں کرتے تھے اس کے جو بھی وجوہ ہوں لیکن بعض اصحاب نے اپنے موسومہ رشید صاحب کے مکاتیب کی اشاعت کر ہی ڈالی ہے میں نے بھی بڑے جتن سے، بڑی لگن سے، بڑی لگن سے ان کے مکاتیب جمع کیے لوگوں سے عاجزی کی، سفارشیں پہنچائیں، ادب کی خدمت کا واسطہ دیا۔ بعضوں نے دیا بعضوں نے ٹال دیا۔ رشید صاحب مجھ سے کبھی قدرے ناراض بھی رہے۔ (اور پھر جلد ہی من بھی گئے) کہ میں اُن کے مکاتیب جمع کر رہا ہوں۔ میں تو کبھی کے ان مکاتیب کو شائع کر دینا چاہتا تھا۔

لیکن آبگینہ کو ٹھیس لگ جانے کا اندیشہ رہا ——— اور اب، جب یہ مکاتیب جلد ہی شائع ہوں گے، سوچتا ہوں اشاعت کے وقت رشید صاحب کی روح سے کتنی کتنی معذرت چاہنی پڑے گی۔

رشید صاحب دعوتوں اور کھانے کھلانے کے کبھی بہت شوقین رہے ہوں لیکن اب کھانے کی حد تک وہ بڑے مجبور ہو چکے تھے لیکن کھلانے کا شوق برابر رہا۔ نمک کھانا تو انہوں نے گذشتہ دس، پندرہ سال سے چھوڑ سا رکھا تھا، لیکن اُن کی تحریر و تقریر میں نمکینی اور نکھار تادمِ حیات رہا۔ اُن کی غذا بے حد معمولی، بے حد سادہ تھی واقعی یوں لگتا تھا جیسے وہ جینے کے لئے کھا رہے ہوں، برائے نام! لیکن اس کے باوجود وہ کم کم ہی سہی دعوتیں دیتے رہے۔ کھانے میں وہ خود شریک نہ ہوئے ہوں، احسان رشید صاحب جب تک علیگڑھ میں رہے کھانے کی میز پر رشید صاحب کی نمائندگی کرتے۔ چائے پر البتہ رشید صاحب ساتھ ہوتے چائے بے شمار لوازمات کے ساتھ ہوتی جب کہ رشید صاحب کا حصہ بے حد مختصر ہوتا۔

رشید صاحب نے دشمنی شاید ہی کسی سے کی ہو، ناراض بہت سوں سے رہے۔ اُن کی ناراضی بڑی مہذب ہوتی اُن کی اعلیٰ ظرفی اور شرافتِ نفس کی آئینہ دار! وہ جس کسی سے ناراض ہوتے اُس سے ملاقات، خط و کتابت سب ترک کر دیتے، یہاں وہاں سامنے ہو بھی جاتا تو اس کو یوں نظر انداز کر دیتے کہ اوروں کو شاید محسوس نہ ہو لیکن متعلقہ شخص محسوس کئے بغیر نہیں رہتا۔ علیگڑھ میں ایسی شخصیات مل جائیں گی۔ وہ ایک مرتبہ ناراض ہو گئے تو

اُن کی ناراضی ہمیشہ قائم رہتی۔ آیا یہی سزا کچھ کم ہوتی !؟

رشید صاحب کو دنیاوی عز و وجاہ کے تمام مدارج ملے۔ وہ سارے انعام و اکرام جو اس دور میں کسی بھی ادیب' خصوصاً اردو کے ادیب کے لئے باعث اعزاز و افتخار ہیں' وہ یونیورسٹی میں پروفیسر رہے' انہوں نے اہم یونیورسٹیوں میں توسیعی خطبات دیئے۔ اُن کی بیشتر تصانیف پر ایوارڈ ملنے کے علاوہ اتر دیش اردو اکیڈیمی نے اُردو خدمات کے سِلسلے میں اُن کو پانچ ہزار کی خطیر رقم سے سرفراز کیا۔ حکومتِ ہند نے انھیں پدما شری کا اعزاز دیا۔ جامعہ اردو نے انھیں " دکتورِ ادب " کی ڈگری سے نوازا' اور بھی کئی اعزازات ہوں گے۔ لیکن رشید صاحب نے اِن میں سے کسی اعزاز کو اپنے لئے باعثِ شرف نہیں جانا سوچیے بھی' رشید صاحب کی شخصیت اِن سب سے بالاتر رہی بلکہ اِن اعزازات کا مرتبہ ہی کچھ اور بلند ہو گیا۔

رشید صاحب کچھ ایسے باعمل آدمی نہیں رہے۔ وہ کبھی ٹینس کے کھلاڑی رہے ہوں لیکن زندگی بھر وہ درونِ خانہ سے انسان رہے' اُنکی شخصیت رزمیہ نہیں بزمیہ تھی۔ اُردو کے لئے بھی انہوں نے کسی مجاہد کا کردار ادا نہیں کیا ہو لیکن انہوں نے اردو کے ہر مسئلہ پر اظہارِ خیال کیا اور اُردو کے لئے ہر لڑائی میں اپنے طور پر شریک اور ہر اردو تحریک سے وابستہ و قریب رہے۔ کہیں سرپرست کی حیثیت سے' کہیں معاون کے طور پر لیکن ہر جگہ اُن کی شخصیت سب کے لئے قابلِ تعظیم اور اُن کی آرا سب کے لئے قابلِ تسلیم رہی ——— رسم خط کے موضوع پر دہلی یونیورسٹی میں دیا گیا اُن کا خطبہ تعصب و تنظر کو شکار کرنے والے اُن کے اسلوب ہی

کے لئے اردو ادب میں یادگار نہیں رہے گا۔ بلکہ اردو رسم خط کے مسئلہ پر جن نئی جہتوں کی انہوں نے نشاندہی کی ہے اور اردو رسم خط کے موضوع پر مخالفین کو جس طرح بھرپور اور مسکت جواب دیا ہے وہ اردو رسم خط کے وزن و وقار کو اور افزوں کر دیتا ہے۔ یہی نہیں مختلف اردو کانفرنسوں سمیناروں اور مباحثوں میں اُن کی مخاطبت اور انجمنوں اور جرائد وغیرہ کے لئے اُن کے پیامات اُن کی اردو سے والہانہ محبت اور وارفتگی کے آئینہ دار ہیں اور پھر اُن کے نزدیک اردو کا دوسرا نام علیگڑھ بھی تو ہے۔
رشید صاحب، علیگڈھ کے پرستار، علیگڈھ کے عاشقِ زار رہے، اردو سے بھی اُن کا یہی رشتہ تھا۔ رشید صاحب نے علیگڈھ کو چاہا، چاہنے والوں کی طرح ——— سرسید کو علیگڈھ کے معمار اولین کی حیثیت حاصل ہے۔ علیگڑھ کے معمارِ اعظم بھی وہی ہیں۔ اپنی قوم کو قعرِ ذلت سے نکالنے اور ترقی کی شاہراہ پہ گامزن کرنے کے لئے سرسید نے کیا کچھ نہیں کیا دامن بھی پسارا، بھیک بھی مانگی۔ رشید صاحب نے علیگڑھ کی تعمیر تشکیل اور ترقی میں وہ حصہ تو ادا نہیں کیا جو سرسید ادا کر چکے تھے، اُن سے ایسا ممکن بھی نہیں تھا، ویسے حالات بھی کہاں تھے؛ لیکن وہ علیگڑھ کے عاشق تھے، سچے عاشق! انہوں نے علیگڑھ سے جیسا، جتنا اور جس طرح کا عشق کیا، کسی اور نے تو کجا، سرسید نے بھی شاید ایسا اتنا اور اس طرح کا عشق نہ کیا ہو گا۔ اُن کے بہت کم مضامین ایسے ہوں گے جن میں انہوں نے علیگڈھ کا چلتے چلاتے ہی سہی ذکرِ خیر نہ کیا ہو؛ اور پھر جن مضامین کا موضوع علیگڑھ یا علیگڑھ سے وابستہ

کوئی شخصیت یا مسئلہ رہا ہو تو وہی کیفیت ہوتی ہے کہ جذبات کے اسلوب پہ قابو نہیں رہتا جب روح کے اندر متلاطم ہوں خیالات! ایسے وقت اُن کے زبان و بیان کی دلکشی، اُن کے جملوں کا در و بست، اُن کے الفاظ کی نشست و برخاست، شگفتگی و سرشاری، غرض اُن کے قلم کی روانی کا عالم دیدنی ہوتا ہے۔ جی چاہتا ہے، وہ لکھیں اور پڑھا کرے کوئی۔ رشید صاحب نے کسی ستائش کی تمنا اور صلے کی پروا کئے بغیر علیگڑھ کو اپنی تحریروں کا مرکز و محور بنایا، صرف علیگڑھ کے لئے۔ علیگڑھ سے محبت اُن کی زندگی کا سرمایہ تھی!

رشید صاحب کو متحرک علیگڑھ بھی کہا گیا ہے۔ آج اُن کے انتقال سے علیگڑھ کا ایک دور ختم ہو گیا۔ رشید صاحب کا علیگڑھ سے ارتباط ۱۹۱۵ء سے رحلت ۱۹۷۷ء کے ابتدائی دنوں تک۔ ایک شخص بھی اس سلسلے میں حرفِ انکار زبان پر لانے کی جرات نہیں کرے گا کہ اسی عرصہ میں علیگڑھ کے عروج و اقبال اور اس کے اقتدار و اعتبار کا دور بھی کہیں ہے۔ اسی دور میں علیگڑھ نے تعلیمی، سیاسی، تہذیبی، معاشرتی اور ادبی میدانوں میں برصغیر کی رہنمائی بھی کی اور برصغیر پر حکمرانی بھی۔

رشید صاحب کی سوانح، علیگڑھ کے کارناموں اور کامیابیوں کی دستاویز بھی ہے۔ اِس کے خوابوں اور تعبیروں کی داستان بھی ——

آج رشید صاحب کے گلابوں کا باغیچہ سوکھ گیا! آج ذاکر باغ کو خزاں کھا گئی، آج علیگڑھ ویران ہے چپ چاپ ہے، گُم سُم، سر بزانو، ژولیدہ مو اور پیرہن دریدہ، اپنے آپ سے بیگانہ بھی! رشید صاحب علیگڑھ کے دیوانے تھے، عاشق تھے، مجنوں تھے، اور آج۔ ع مجنوں جو مر گیا ہے تو جنگل اداس ہے!

اِنّا لِلّٰہِ وَ اِنّا اِلَیہِ رَاجِعُون

لگ بھگ چار سال کا عرصہ ہوتا ہے۔ لیکن محسوس ہو رہا ہے جیسے کل کی بات ہے۔ کل کی نہیں بلکہ آج کی اور ابھی کی ۔۔۔ ۸/ جولائی ۱۹۷۳ء ہے۔ میں یونیورسٹی میں اپنے کمرے میں بیٹھا ہوں۔ ڈاکیہ ڈاک دے جاتا ہے میں سب سے پہلے ایک پوسٹ کارڈ پڑھنے لگتا ہوں:۔

"عزیزم۔ وعلیکم السلام!

دریاباد ریلوے اسٹیشن لکھنؤ مغل سرائے ریلوے لائین پر ہے۔ لکھنؤ سے (۲۴) میل دور۔ پسنجر ٹرینیں دو ڈھائی گھنٹے کا وقت لیتی ہیں اور ایکسپرس ٹرینیں ۱½ گھنٹے سے بھی کم کا۔ دہرہ ایکسپرس تقریباً پونے گیارہ بجے پہنچا دیتا ہے اور واپسی میں وہی پانچ بجے سے کچھ قبل مل جاتا ہے۔ جمعہ کا دن اگر اتفاق سے ہوا تو حکیم عبدالقوی (مینیجر صدق) کا ساتھ لکھنؤ سے رہ سکتا ہے۔ اسٹیشن سے مکان ڈیڑھ میل دور کے فاصلے پر اور پورے اکے کا کرایہ دو روپے اب ہو گیا ہے فی سواری اس سے کہیں کم۔

ایک امکانی صورت یہ بھی ہے کہ میں ۴/ اگست کو صبح لکھنؤ آجاؤں تو آنعزیز کو دریاباد تک زحمت نہ کرنا پڑے۔ والسلام

دعاگو۔ عبدالماجد

ماجد صاحب سے ملاقات کا شرف حاصل کرنے کا ارمان نہ جانے کب سے تھا۔ یقیناً طالب علمی کے زمانے سے۔ لیکن یہ ارمان دل ہی دل میں رہا، شرمندۂ تکمیل نہ ہوا، ہاں شگفتہ و شاداب ضرور رہا ـــ مولانا کبھی کبھار حیدرآباد تشریف لاتے لیکن اُن سے نیاز حاصل کرنے کی کوئی سبیل نہ نکلی۔ یاد پڑتا ہے۔ مولانا اس وقت بھی ایک مرتبہ حیدرآباد تشریف لائے تھے (حیدرآباد میں غالباً یہ اُن کی آخری بار تشریف آوری تھی) جب میں "رہنمائے دکن" میں کام کرتا تھا۔ "مولانا رہنما" کے دفتر بھی آئے تھے۔ اس وقت میں دفتر میں تھا نہیں، نیاز حاصل کرنے کی سعادت سے محروم رہا ـــ اور پھر دن گذرتے رہے، گذرتے رہے ـــ

"رشید احمد صدیقی ـــ شخصیت اور فن" کے موضوع پر ریسرچ کے دوران جب اس کا علم ہوا کہ رشید صاحب سے ماجد صاحب کے گہرے دوستانہ مراسم ہیں تو میں نے ماجد صاحب کو خط لکھا اور خاص طور پر درخواست کی کہ اپنے موسومہ رشید صاحب کے مکاتیب یا اُن کے نقول سے سرفراز کریں ـــ رشید صاحب کو کسی نہ کسی وجہ سے اپنے خطوط کی اشاعت پسند نہیں تھی۔ جس طرح اور بہت سے اصحاب نے مجھ کو لکھا، اندیشہ یہی تھا کہ ماجد صاحب بھی رشید صاحب کا حوالہ دیتے ہوئے خطوط عنایت نہیں فرمائیں گے لیکن میری مسرت اور حیرت کی انتہا نہ رہی کہ جلد ہی ماجد صاحب کا مکتوب اور پھر چند روز بعد ماجد صاحب کے موسومہ رشید صاحب کے مکاتیب ذریعہ رجسٹری موصول ہوئے۔

ادیبوں کی زندگی عموماً بے پروائی کا شکار ہوتی ہے۔ کئی اصحاب نے رشید صاحب کے خطوط کے سلسلے میں لکھا تھا کہ وہ مجھے خطوط دینے تو آمادہ ہیں لیکن پتہ نہیں خطوط کہاں بکھرے ہوئے، اِدھر اُدھر پڑے ہیں اُن کی تلاش ممکن نہیں،

نتیجہ معلوم! لہٰذا معذرت! ــــ ماجد صاحب ہمارے دور کے بزرگ ترین ہی نہیں بلکہ صفِ اول کی معروف ترین اور مصروف ترین ادبی شخصیات میں سے تھے۔ مذہبی، ادبی اور صحافتی، ہر شعبہ میں اُن کی خدمات گرانبہا، وزن و وقار کی حامل اور ناقابلِ فراموش ہیں۔ ہر کوئی اُن کی بے پناہ مصروفیات کا اندازہ کر سکتا ہے۔ بایں پس منظر میرے لئے یہ چیز باعثِ استعجاب رہی کہ ماجد صاحب نے سارے مکاتیب کو یکجا اور تاریخی ترتیب کے ساتھ محفوظ رکھا تھا۔

اس کے بعد عرصہ تک ماجد صاحب سے بہت کم خط و کتابت رہی لیکن ہمیشہ کی طرح اُن کی ہر تحریر سب سے پہلے پڑھنے کی سعی کرتا، ذوق و شوق کے ساتھ! علاوہ ازیں "صدقِ جدید" کا مطالعہ بھی ایک طرح سے معمولات میں داخل ہو گیا۔

اپنی پہلی کتاب رشید احمد صدیقی کی اشاعت کے بعد میں نے ایک نسخہ آں محترم کی خدمت میں روانہ کرتے ہوئے "صدقِ جدید" میں تبصرہ کی مودبانہ درخواست کی۔ ماجد صاحب نے شرفِ قبولیت بخشا۔ میں یہ کہے بغیر نہیں رہ سکتا کہ میری کتاب پر ماجد صاحب کے تبصرہ کا میری ادبی زندگی پر گہرا اثر پڑا ہے۔ میری ادبی صلاحیتیں جتنی بھی جلا پائی ہیں۔ مجھے مطالعہ اور تحریر و تصنیف کا جو بھی ذوق اور حوصلہ ملا ہے۔ اس کی تحریک میں ماجد صاحب کی ادبی شخصیت اور بالخصوص اُن کے مذکورہ تبصرہ کا قابلِ ذکر حصہ ہے! حد سے زیادہ!

ماجد صاحب، اُردو دنیا میں چراغِ راہ کبھی رہے ہوں۔ اب تو چراغِ منزل تھے، مینارۂ نور! انہوں نے اپنے طور پر ادب کی ہیتم بالشان خدمات

انجام دیں لیکن اسی کے ساتھ انہوں نے نہ جانے کتنوں کو روشنی دکھائی، کتنوں کی رہبری کی، کتنوں کو منزل تک رسائی میں اعانت کی، کتنوں کی حوصلہ افزائی کی، کتنوں کے ذوق کو صیقل کیا، کتنوں کی ادبی صلاحیتوں کو ابھارا۔ ماجد صاحب کی ذات استعداد آفریں تھی۔ وہ ایک شجر سایہ دار سے تھے۔ نہ جانے آج اردو کے صفِ اول کے کتنے ممتاز ادیب، نقاد، اور انشا پرداز ہیں جن کا قلم ماجد صاحب کی حوصلہ افزائی کا مرہون منت ہے اور اب ماجد صاحب کے غم میں خونچکاں اور سوگوار بھی۔

اب بھی ماجد صاحب سے خط و کتابت شاذ و نادر ہی ہوتی۔ ۱۹۷۲ء میں ارادہ دہلی اور علیگڑھ جانے کا ہوا۔ میں نے طے کیا کہ دریاباد ضرور جاؤں گا اور ماجد صاحب سے نیاز حاصل کروں گا۔ مکتوب روانہ کیا۔ ماجد صاحب نے بخوشی اپنے ہاں آنے کی دعوت دی ـــــ لکھنؤ سے دریاباد جانا اور دریاباد ریلوے اسٹیشن سے ماجد صاحب کی رہائش گاہ تک راستہ ڈیڑھ دو میل کا ہے۔ کچا، بے ہنگم اور ناہموار، سواری جو ملتی ہے وہ بھی کچھ ایسی ہی، راستے کی طرح۔ شاید یہی وجہ تھی کہ ماجد صاحب نے اپنے مکتوب میں ایک امکانی صورت کا بیان کیا کہ وہ ۲۰ اگست کو لکھنؤ آجائیں گے اور مجھے دریاباد تک "زحمت" نہ کرنا پڑے گی۔ اس مکتوب سے میرے نزدیک ماجد صاحب کا کردار اور بلند اور سنود ہو گیا ـــــ ہم میں سے بعض ایسے بھی تو ہیں جو گھر پر آنے والوں سے سلیقے سے بھی نہیں ملتے اور ایک ماجد صاحب تھے کہ (۸۰) سال کی عمر کے مرحلہ میں اتنی منزلت اور مرتبت کے حامل ہونے کے باوصف ایک طالب علم کے لئے ۲۱ میل کا فاصلہ ایک ہفت خواں طے کرتے اور سفر کی صعوبتوں کو

جھیلنے آمادہ تھے' میرا سر احترام سے جھک گیا ــــــ یہ بات کسی طرح میرے لئے قابلِ قبول نہیں تھی کہ میں دریا پہنچ کر اُن کے درِ دولت پر حاضری دینے کی بجائے وہ میرے لئے دریاباد سے لکھنؤ آنے کی زحمت گوارا کرتے میں نے فوراً خط لکھا کہ آپ مجھے یوں شرمندہ نہ کیجیے۔ میرے لئے یہ امر باعثِ سعادت اور وجہ افتخار ہوگا کہ میں دریاباد پہنچوں اور آپ کے درِ دولت پر حاضری دوں ــــــ آپ اور میرے لئے لکھنؤ تشریف لائیں جی نہیں ایسا نہیں ہونا چاہئیے' میں ملتجی ہوں۔ ظاہر ہے میں ایسا نہیں کرسکتا تھا کہ ماجد صاحب کو زحمت دیتا۔

اگست ۱۹۷۳ء کی ۴ر تاریخ تھی۔ میں حیدرآباد سے لکھنؤ پہنچ گیا۔ دو ایک روز لکھنؤ میں گذارے اور یکشنبہ ۵ر اگست کو ماجد صاحب کے مکتوب کی روشنی میں دہرہ اکسپریس سے دریاباد پہنچ گیا ــــــ

دریاباد' اترپردیش کے ضلع بارہ بنکی کا ایک چھوٹا سا قصبہ ہے۔ ریلوے اسٹیشن بھی چھوٹا موٹا نہ ریل پیل' نہ گربڑ' نہ ہنگامہ آرائی نہ شور پکار' جو کسی ریلوے اسٹیشن کا نام لیتے ہی تصور میں اُبھر آتے ہیں لیا دینا ماحول' ہر طرف سکون و عافیت سی۔ جیسے ماجد صاحب کی شخصیت یہیں سے اپنا پتہ دے رہی ہو۔ ٹرین آنے پر اُترنے والے بھی دو چار اور سوار ہونے والے بھی اتنے ہی۔ اسٹیشن سے باہر چند قدیم وضع کے تانگے جن کے چلانے والے سواریوں کی تلاش میں خود پلیٹ فارم پر موجود! ابھی میں ریل سے اتر کر خود کو ٹھیک سے کر بھی نہ پایا تھا کہ ایک تانگے والے نے مجھ سے صاف و شستہ انداز میں دریافت کیا "کہاں جایئے گا" میں نے ماجد صاحب کا نام لیا

۔ مولانا کے ہاں چلیے گا۔ وہی دھلی دھلائی زبان۔ مولانا کے لئے عقیدت واحترام سے بھرپور لہجہ! میں نے دریافت کیا 'تمھیں مولانا کا مکان معلوم ہے' تانگے والے نے کچھ ایسی نظروں سے مجھے دیکھا جیسے میں نے اُس سے پوچھ لیا ہو "جانتے ہو سورج کدھر سے نکلتا ہے"۔ قدرے توقف کے بعد اُس نے کہا۔ واہ! مولانا کو یہاں کون نہیں جانتا' یہ کہہ کر وہ خاموش رہا لیکن اس کا چہرہ کہہ رہا تھا۔ جناب دریاباد سے مولانا نہیں' مولانا سے دریاباد مشہور ہے یہاں کا ہر فرد بلاتخصیص رنگ و نسل و مذہب و ملت۔ یہاں کا ہر گوشہ ہر چپہ۔ مولانا کی شخصیت کو اُن کے کارناموں کو اپنے لئے باعثِ افتخار تصور کرتا ہے ــــ اب میں اس سے کرایے کی بات کیا کرتا۔ تانگے والے نے میرا چھوٹا سا اٹاچی کیس اٹھایا اور اسٹیشن سے باہر لاکر اپنے تانگے میں رکھ دیا مجھ کو ایسے تانگے میں بیٹھنے کا یہ پہلا اتفاق تھا۔ بیٹھتے ہوئے تھوڑی سی بے چینی اور دقت ہوئی۔ گذشتہ رات غالباً بارش بھی ہوئی تھی۔ کچی سڑک، کیچڑ سے لت پت۔ راستے پر بیل گاڑیوں کے پہیوں کے نشان جابجا کھُدے ــــ تانگا ہچکولے کھاتا' زیر و زبر ہوتا رواں ہوا لیکن جونہی خیال آیا کہ اب مولانا سے ملاقات ہوگی' احساس ہی نہ رہا کہ میں کس سواری میں بیٹھا اور کیسے راستے پر رواں ہوں جیسے کچھ دیر بعد مولانا سے ملاقات اور گفت و شنید کے خوشگوار لمحات سواری اور راستے کی اِن بے ترتیبی پر سایہ فگن ہو چکے ہوں۔ سڑک کے دونوں طرف گھنے اور سایہ دار درخت' شور مچاتے پرندے' چھوٹے چھوٹے مکانات' کے سامنے کام کرتی ہوئی عورتیں' کھیلتے ہوئے ننھے بچے ـــ مجھے کچھ دیر کیلئے

پریم چند اور حیات اللہ انصاری کے افسانوں اور ناولوں میں پیش کردہ یو۔پی کے قصبات کی فضاء یاد آگئی۔ میں اِن سب چیزوں کو دیکھتا اور اِن سے بے خبر بھی کھویا کھویا سا تھا۔ کچھ دیر میں قصبہ کا بازار آگیا اور ایک دو موڑ چل کر ٹانگہ رک گیا" یہی ہے صاحب مولانا کا مکان" —— ٹانگے والے کی آواز تھی —— قدیم وضع کی حویلیوں جیسی پختہ، شاندار اور پُر وقار عمارت، وسیع احاطہ، کشادہ برآمدہ، اونچی اونچی محرابیں، دروازوں اور محرابوں کے اوپر دیواروں پر قرآنی آیات رقم۔ عمارت کے ہر گوشے سے تقدس ٹپکتا چہار سو ایک دل آسائی کی کیفیت! برآمدے میں تھوڑا بہت فرنیچر، آئینہ داری کرتا ہوا کہ صاحبِ خانہ کے استعمال میں کم آتا ہے۔ درونِ خانہ جانے کے لئے خاصے اونچے دروازے روایتی چلمنیں پڑی ہوئی چلمنوں پر پہرا لگا۔ میں نے ماجد صاحب کو اپنے آنے کی اطلاع کرائی اور برآمدے میں ایک کرسی پر بیٹھ گیا۔ چند لمحے ہوئے ہوں گے چلمن کو جنبش ہوئی اور ماجد صاحب برآمد ہوئے دراز قد، چوڑا چکلا سینہ، سرخ و سپید رنگ کسی قدر خمیدہ مگر بھرا بھرا جسم، لتالی جبہ، ستواں ناک عبادت و ریاضت سے پُر نور، دراز اور بھرپور داڑھی، روشن آنکھیں ہر بُن مو سے شادابی ٹپکتی، سفید کرتا، سفید پائجامہ —— میں نے اپنے تصور میں ماجد صاحب کی جو شبیہہ بنائی تھی، زیادہ فرق نہ نکلا۔ گویا علم و ادب میرے سامنے مجسم ہوں۔ میں یہ سطور لکھ رہا ہوں، لگتا ہے ماجد صاحب اب بھی میرے سامنے موجود ہیں جس زاویہ سے بھی دیکھئے، عظمت بزرگی اور برگزیدگی کا پیکر۔ دھیرے دھیرے قدم اٹھاتے ہوئے وہ میری طرف بڑھ رہے ہیں، میں ایستادہ ہو جاتا ہوں۔ وہ مجھ سے غائبانہ

متعارف اور میری آمد کا علم رکھتے تھے، بایں وجہ اس خصوص میں رسمی باتوں کی ضرورت پیش نہ آئی۔ "لکھنؤ کب آئے؟" "سفر کیسا رہا؟" جیسے دو ایک جملوں کے بعد باتوں کا سلسلہ چل نکلا۔

ماجد صاحب سے میرا موضوعِ گفتگو متعین نہیں تھا۔ ہاں چاہتا ضرور تھا کہ جی بھر کر گفتگو ہو اور ہر موضوع پر —— حیدرآباد کا ذکر ناگزیر تھا۔ اس وجہ سے نہیں کہ مجھ کو حیدرآباد سے نسبت حاصل ہے بلکہ اس سبب سے بھی کہ ماجد صاحب کو بھی کبھی کم کم ہی سہی حیدرآباد سے نسبت رہی ہے۔ علاوہ ازیں اردو کا ذکر ہو اور حیدرآباد کا نام نہ آئے ایسا ممکن بھی تو نہیں۔ ماجد صاحب نے قیامِ حیدرآباد کے اپنے زمانے کو خوشگوار انداز میں یاد کرتے ہوئے بتایا کہ وہ رشتۂ تالیف و ترجمہ میں لگ بھگ ایک سال رہے۔ نامپلی اسٹیشن روڈ پر مالگذاری کے دفتر اور مسز سروجنی نائیڈو کے گھر "گولڈن تھرشولڈ" (موجود دفاتر: یونیورسٹی آف حیدرآباد) کے قریب کہیں وہ رہتے تھے۔ ماجد صاحب نے مسز نائیڈو کی بے حد ستائش کی۔ مسز نائیڈو کے ذکر کے ساتھ یو۔پی کے گورنروں کی بات چلی۔ ماجد صاحب کہنے لگے، حیدرآباد نے دو اچھے گورنر دیئے ہیں، مسز نائیڈو اور نواب اکبر علی خاں (میری اس ملاقات کے وقت اکبر علی خاں صاحب ہی یو۔پی کے گورنر تھے) اکبر علی خاں صاحب کی سادگی، اُن کے شخصی کردار اور بحیثیت گورنر اُن کے رویہ سے ماجد صاحب رطب اللساں رہے۔ اس موقع پہ اکبر علی خاں صاحب کا جب بھی نام آیا ماجد صاحب نے محبت اور شیفتگی کے ساتھ اُن کا ذکر کیا۔

ماجد صاحب ہمہ جہت شخصیت کے حامل تھے۔ واسطۂ ادب، مذہب

اور صحافت، ہر شعبہ میں اُن کی خدمات اتنی زیادہ ہیں کہ وہی اُن کے نام اور کام کو ہمیشہ زندہ رکھنے کیلئے کافی! اور پھر اُردو کے حق کیلئے لڑائی میں انہوں نے ایک مجاہد کا کردار ادا کیا —— ماجد صاحب نے اگر ایک طرف ادب میں فلسفہ کا رس گھولا اور فلسفہ میں ادبیت پیدا کی تو صحافت میں ادبی وقار پیدا کرتے ہوئے اس کو اعتبار بخشا۔ ماجد صاحب کی ابتدائی تصانیف پر فلسفہ کا رنگ گہرا ہے۔ اِن تصانیف میں "فلسفہ اجتماع" "مبادی فلسفہ" "فلسفہ جذبات" اور "مکالماتِ برکلے" خاص طور پر اہمیت رکھتے ہیں۔ مولانا کی ادبی خدمات کا دائرہ بے حد وسیع ہے "اکبر نامہ" لسان العصر اکبر الہ آبادی پر ایک بنیادی کتاب کی حیثیت رکھتی ہے۔ "انشائے ماجد" (دو حصوں میں) "مقالاتِ ماجد" "حکیم الامت" "محمد علی کی ذاتی ڈائری" "مشاہیر کے خطوط" اور "سفرِ حجاز" ایسی تصنیفات و تالیفات ہیں جن کی روشنی میں ماجد صاحب کو اردو ادب کا جانسن قرار دیا جا سکتا ہے —— میرے استفسار پر ماجد صاحب نے اپنی تصنیف "معاصرین" کا ذکر کرتے ہوئے بتایا کہ اس کی نوعیت مولوی عبدالحق کی کتاب "چند ہمعصر" کی سی ہے جس میں اپنے دور کے (۲۰) بڑوں (۱۰) چھوٹوں باقی برابر والوں کا حال احوال ہے "صدق جدید" میں "معاصرین" کے بعض مضامین شائع ہو چکے ہیں جن سے اس کتاب کے وزن و وقار کا اندازہ ہوتا ہے —— جوش ملیح آبادی کی مشہور زمانہ لیکن متنازعہ فیہ سرگذشت "یادوں کی برات" کے بارے میں ماجد صاحب کے خیالات سے واقف تھا اور اس سے بھی کہ ماجد صاحب "یادوں کی برات" پر دیگر جرائد میں شائع شدہ تبصروں کو "صدق جدید" میں

جگہ دی تھی۔ ان سب تبصروں میں جوشؔ کی اس کتاب کی شدید مذمت تھی۔ میں نے "یادوں کی برات" کا نام ہی لیا تھا کہ ماجد صاحب کے قلم کی طرح اُن کی زبان دولڑک چلنے لگی (تکلف برطرف) اس کتاب کی مذمت کرتے اور اپنے لہجہ میں ممکنہ کراہیت پیدا کرتے ہوئے وہ کہنے لگے "لکھی ہی کیسے گئی۔ ایسی کتاب ؟ ـــــ جوشؔ نے شاعری میں اتنا مبالغہ نہیں کیا ہے جتنا کہ نثر میں لڑکوں کی شوخیاں اور شرارتیں ہوتی ہیں، مگر اس ظالم (جوشؔ) نے تو انتہا کر دی اور پھر اس نے ندامت کے ساتھ نہیں فخر کے ساتھ لکھا ہے .... میں خاموش ماجد صاحب کے اس زبانی تنقید و تبصرہ کی سماعت کرتا رہا۔ آخر میں انھوں نے گویا مقطع پڑھا، پڑھنے کے قابل کتاب نہیں، اتنا غصہ آتا ہے اس کتاب پر"

ماجد صاحب نے اِدھر ایک عرصہ سے خالص ادبی موضوعات پر لکھنا کم کر دیا تھا لیکن "صدقِ جدید" کے تبصروں سے بخوبی واضح ہوتا تھا کہ آخر وقت تک اُن کا ادب کا مطالعہ گہرائی کا حامل رہا۔ اردو میں تحقیقی کاموں کی رفتار بڑھ جانے کے باوصف اُن کا یہ احساس رہا کہ ذاتی تحقیق میں مولوی عبدالحق کا درجہ بڑھا ہوا ہے۔ بایں ہمہ اُن کے اس خیال سے کون اتفاق نہیں کریگا کہ اردو میں ایک ایسی لغت کی ضرورت ہے، جو عصرِ حاضر کے تقاضوں کی تکمیل کرے۔ ماجد صاحب ملک کی بیشتر ریاستوں میں اردو کے ساتھ ہونے والی ناانصافیوں پر بے حد ملول رہتے۔ اردو کے حقوق کی لڑائی میں اُن کو ایک مجاہد کی حیثیت حاصل تھی۔ وہ اردو کے سلسلے میں کسی انجمن یا کسی تحریک سے وابستہ نہ رہے ہوں لیکن اپنی ذات سے وہ

بجائے خود ایک انجمن اور ایک تحریک تھے انہیں کسی انجمن، کسی تحریک کی کیا ضرورت تھی؟ "صدق جدید" کے ذریعہ انہوں نے اردو تحریک کے سلسلے میں ایک موثر اور معتبر کردار ادا کیا۔ ماجد صاحب کے نقطہ نظر سے بعض لوگوں کو اتفاق نہ ہو سکتا ہو لیکن اس سے کون انکار کر سکتا ہے کہ ماجد صاحب نے "صدقِ جدید" کے شذرات کے ذریعہ اردو کے مسائل پر مخلصانہ اور جرات مندانہ اظہار خیال کیا۔ نہ شخصیات کے دنیاوی عز و جاہ کی پروا کی نہ وزراء اور ایوانِ حکومت کو خاطر میں لائے۔ نہ سیاست کے سرد و گرم اور نہ سیاستدانوں کے مزاج کو درخورِ اعتنا تصور کیا۔ یہی وجہ تھی کہ ان کے نظریات سے شدید اختلاف کرنیوالے بھی ان کے خیالات کا احترام کرتے اور ان کے خلوص کو شک و شبہ سے بالاتر قرار دیتے ——— اور پھر اردو کے مسائل ہی کیا۔ ملک کے کس مسئلہ پر ماجد صاحب نے آئینِ جواں مرداں سے دستبرداری اختیار کی روباہی ان کو نہ آنا تھی نہ آئی۔ وہ افراد کو نہیں، مسائل، موضوعات اور ذد کے کردار کو زیرِ بحث لائے اور ستائش کی تمنا اور صلے کی پروا کیے بغیر وہی کہا جس کو انہوں نے حق تصور کیا اس خصوص میں انہوں نے اوروں ہی کو نہیں، اپنے دوستوں، اپنے عزیز دوستوں کو بھی معاف نہیں کیا۔

ماجد صاحب سے مذہبی مسائل پر گفت و شنید ہوئی بلکہ یہ کہنا زیادہ صحیح ہوگا کہ "گفت" نہیں صرف "شنید" ہوئی۔ میں مولانا سے مذہبی موضوعات پر کیا گفتگو کرتا۔ وہ کہتے رہے اور میں سنتا رہا اور اپنے دامنِ علم کو اور گراں اور گراں کرتا رہا۔ تفسیر ماجدی کے تعلق سے کچھ کہنے سے

قبل میں ایک بات کہتا چلوں۔ ہمارے ہاں کلام پاک کی تفسیروں میں زیادہ تر خوش عقیدگی سے کام لیا گیا ہے اور یہی خوش عقیدگی حد سے متجاوز ہو کر کئی الجھنوں کا باعث بنی ہے۔ عموماً عربی زبان سے واقفیت، ٹھیٹ مذہبیت اور مولویت کا ہونا ہی مفسر کیلئے کافی سمجھا گیا ہے کلام پاک، حیاتِ انسانی کے کسی مسئلہ اور زندگی و زمانے کے کسی معاملے اور موضوع سے بے تعلق اور بیگانہ نہیں۔ مفسر کے لئے عربی زبان سے واقفیت، ٹھیٹ مذہبیت اور مولویت کا ہونا ضروری تو ہے لیکن اس کے علاوہ بھی کچھ ہونا چاہئیے۔ مفسر کو زندگی اور زمانے کے تمام موضوعات کا مطالعہ کرنا چاہئیے عصری زندگی پر تو اسکی نگاہ ضروری ہے اور قدیم و جدید علوم سے بھی وہ بیگانہ نہیں رہ سکتا۔ ان زاویوں سے دیکھا جائے تو مفسر کی حیثیت سے ماجد صاحب کا پایہ بہت بلند ہو جاتا ہے —— عربی اور قدیم علوم پر مولانا کو غیر معمولی دسترس حاصل تھی۔ مولانا نے بائبل کا بھی گہرا مطالعہ کیا تھا انگریزی زبان پہ تو اُن کو انگریزوں کی سی قدرت حاصل تھی۔ انہوں نے نہ صرف انگریزی کے کلاسیکی ادب کا گہرا مطالعہ کیا تھا بلکہ آج بھی انگریزی کی کوئی اچھی کتاب اور اچھا جریدہ ایسا نہ ہوتا جو مولانا کے مطالعہ میں نہ آتا ہو۔ بالخصوص کسی بھی مذہب پر ہو انگریزی کی کوئی کتاب، مولانا کی نظر سے شاید ہی چھوٹی ہو۔ مستشرقین اور اُن کے کاموں سے وہ کما حقہٗ واقف تھے۔ فلسفہ اُن کا اپنا موضوع رہ چکا تھا۔ عصری زندگی سے تو وہ کبھی دور رہی نہیں رہے۔ قومی بھی اور بین قومی بھی! ہندوستان کے اہم انگریزی روزناموں اور ہفت روزہ اخبارات کا مطالعہ وہ پابندی سے کرنے والوں میں تھے

اس کے علاوہ اُن کی اپنی ایک رائے بھی ہوتی تھی۔ وہ مذہبی ضرور تھے
اور کٹر مذہبی لیکن نرے مولوی اور ابلہ مسجد نہیں بلکہ دانائے راز!
مذہب کو زندگی کی ایک اہم حقیقت سمجھنے والے، ایک مردِ مومن بھی!
انہوں نے تفسیر میں جن نکات کو پیشِ نظر رکھا ہے، بہت کم مفسر ہوں گے
جنھوں نے اِن نکات پر اور اس طرح غور کیا ہو۔ اس نکتہ کو واضح کرتے ہوئے
کہ مفسرین کی تاریخ و جغرافیہ سے عدم واقفیت کئی غلط فہمیوں کا سبب ہے
ماجد صاحب نے کہا کہ سب یہی سمجھتے ہیں کہ فرعون دریائے نیل میں
غرق ہوا حالانکہ گہرے مطالعہ اور فکر و شعور کی کارفرمائی سے یہ امر واضح
ہوگا کہ فرعون کو دریائے نیل کی سمت آنا نہیں تھا بلکہ وہ غرق ہوا ہوگا
بحیرۂ قلزم میں، نہر سوئز کے قریب کہیں ——

ماجد صاحب کی گھریلو زندگی بھی قابلِ رشک رہی ہوگی۔ اپنی اہلیہ کی
وفات پر انہوں نے "صدقِ جدید" میں جو شذرات لکھے وہ اُن کی
قلبی کیفیات کی ترجمانی کرتے ہیں کہ یہ سانحہ اُن کے لئے کتنا غیر معمولی
اور نہ سہا دے جانے والا تھا۔ اس ملاقات کے موقع پر بھی انہوں نے بے حد
ملول انداز میں کہا "اپنی پسند سے ہم نے شادی کی تھی" قریبی عزیزوں میں"
ہم ۱۱ ہوئے ہوں گے میں ماجد صاحب کے یہاں آیا تھا۔ اس دوران ماجد صاحب
دو ایک مرتبہ تھوڑی بہت دیر کے لیے اندر تشریف لے گئے ہوں گے۔ ظہرانہ
کا انہوں نے بے حد پُر تکلف انتظام کیا تھا۔ وہ خود شریک نہیں ہوئے۔
یہ کہتے ہوئے کہ وہ دوپہر میں بے حد کم کھاتے ہیں اور پھر ایسی پر تکلف
غذاؤں کا تو سوال ہی نہیں۔

ظہر کی اذاں ہو چکی تھی۔ ماجد صاحب اندر تشریف لے گئے کسی نے بتایا ظہر کی نماز کے لئے وہ مسجد نہیں جاتے۔ مسجد اُن کے دولت کدہ سے چند ہی قدم کے فاصلے پر ہے، وہی مسجد جس کا "صدق جدید" میں وہ بارہا ذکر کر چکے ہیں۔ میں ظہر کی نماز ادا کرنے اسی مسجد میں چلا آیا۔ یہیں مسجد کے قریب قبرستان میں ماجد صاحب کی اہلیہ، اُن کے والدین اور اُن کے کئی عزیز و اقارب کے قبور ہیں (آج ماجد صاحب بھی یہیں آرام فرما رہے ہوں گے، میرے چشم تصور میں اُن کی آخری آرام گاہ اُبھر آتی ہے)۔ اب چار بجنے والے تھے، مجھ کو پانچ سے کچھ قبل کی ٹرین سے لکھنو واپس ہونا تھا۔ اتنے میں چائے معہ لوازمات کے آگئی۔ ماجد صاحب بھی چائے میں شریک رہے، انہوں نے اصرار سے کھلایا۔ میرا وقت ہو رہا ہے لیکن ماجد صاحب سے باتیں کرتے ہوئے طبیعت سیر نہیں ہوتی۔ ایک طرح سے افسوس بھی ہو رہا ہے کہ آج چار اس قدر جلد کیوں بج گئے کہیں میری گھڑی خراب تو نہیں ہو گئی۔ میں تو چاہتا تھا کہ آج وقت کی رفتار کچھ تھم سی جائے، کچھ رک سی جائے۔ میں ماجد صاحب سے محو گفتگو رہوں۔ وہ کہتے جائیں، کہتے جائیں میں سنتا رہوں، سنتا رہوں۔ چند گھنٹوں کی گفتگو سے جو ماحول بن چکا ہے، اس کی خوشبو اور روشنی سے اپنے افکار اور احساسات کو مہکاتا اور اُجالتا رہوں۔ وہ شفقتوں اور محبتوں کے پھول برساتے رہیں، میں چنتا رہوں۔ یہاں تک حصول علم کی بات ہے میں نے اپنا دامن بے حد وسیع، بے حد وسیع پایا ہے پھر بھی مجھے تنگیٔ داماں کی شکایت ہو جائے۔ کاش ایسا ہوتا، کاش! ـــ ابھی میں خیالات کے انہی تانوں بانوں میں اُلجھا تھا کہ کیا دیکھتا ہوں وہی ٹانگا آگیا جو مجھے

یہاں لایا تھا۔ میں نے بے حد عقیدت اور احترام سے اجازت چاہی، ماجد صاحب نے لطف و عنایت کے ساتھ مجھے رخصت کیا۔ کچھ یوں محسوس ہوا ان چار پانچ گھنٹوں میں، میں بہت کچھ بدل چکا ہوں۔ مجھ میں بہت کچھ اضافہ ہو چکا ہے، میری شخصیت نزول ہو چکی ہے، مجھے اپنے آپ پر رشک آرہا تھا۔ میری حالت کچھ ایسی تھی جیسے کوئی سیدھا سادا شخص عطر کی دکان میں آئے، کچھ دیر رہے اور واپس ہوتے ہوئے اپنے ہمراہ خوشبوؤں کا کارواں لیتا جائے۔ میں بھی علم و ادب کا تقدس لئے ماجد صاحب کی دعاؤں کی رفاقت میں واپس ہوا۔ پھر وہی راستہ اور دیہات کا وہی ماحول رہا۔ اسٹیشن پہنچا ہی تھا کہ ٹرین آگئی، میں لکھنؤ کے لئے روانہ ہوا۔

اب ماجد صاحب سے خط و کتابت نسبتاً زیادہ رہی۔ وہ از راہِ شفقت میرے ہر خط کا بے حد چاؤ اور بے حد نوازش سے جواب مرحمت فرماتے۔ علیگڈھ اور دلی میں اس سفر کے دوران مجھ کو رشید صاحب کے کئی مکاتیب دستیاب ہوئے۔ دلی میں بعض احباب کا مشورہ بھی یہی رہا کہ ان مکاتیب کو شائع کر دینا چاہیے۔ میں نے اپنی کتابوں کی اشاعت کے سلسلے میں "پیش لفظ" جیسی چیزوں کا کم ہی احترام کیا ہے۔ نہ جانے اس وقت یہ بات کیوں دل میں آئی اور بار بار آتی رہی کہ مکاتیبِ رشید کا "پیش لفظ" ماجد صاحب کے قلم سے ہو۔ خیال آیا، دریاباد میں یہ بات یاد آتی تو بالمشافہ عرض کرتا ——— خیر ——— میں نے دلی ہی سے ماجد صاحب کو مکتوب روانہ کیا، جلد ہی اُن کا جواب آگیا، "مقدمہ لکھنے سے معذرت خواہ ہوں، میں چاہتا تھا، مکاتیبِ رشید، کا "پیش لفظ" یا

دیباچہ ماجد صاحب ہی تحریر فرمائیں۔ یہ میری عین خواہش تھی مولانا کی جو شفقت اور محبت مجھ کو حاصل تھی اس کی روشنی میں میں نے ایک اور مرتبہ التماس کیا۔ مولانا رد نہ کر سکے اور اپنی کرم فرمائیوں میں ایک اور اضافہ انہوں نے "مکاتیب رشیدؔ" کے لئے اپنے مختصر سے "پیش لفظ" سے سرفراز فرمایا۔ میں نے سوچا بھی نہیں تھا کہ مولانا "مکاتیب رشیدؔ" کی اشاعت سے قبل یوں داعیٔ اجل کو لبیک کہیں گے۔ میں تو کچھ یہی سمجھ رہا تھا کہ اپنی ہر کتاب کی طرح یہ کتاب بھی مولانا کی خدمت میں ارسال کروں گا۔ وہ لطف و عنایت سے پذیرائی کریں گے "صدقِ جدید" میں تبصرہ شائع فرمائیں گے اور مجھے لکھنے پڑھنے کا مزید حوصلہ ملے گا میں ایک نئی امنگ لئے اور آگے بڑھوں گا۔

مولانا کی یہ تحریر اس "پیش لفظ" کا مسودہ، ان سطور کی تحریر کے وقت میرے سامنے ہے ایک سوالیہ نشان کی طرح! جیسے پوچھ رہا ہو کہاں ہے میرا خالق؛ میرا خالق؛ میں گم سم ہوں کیا کہوں کچھ بن نہیں پڑتا۔ ارادہ تھا اب کبھی شمالی ہند جانا ہو تو پھر دریاباد جاؤں گا۔ مولانا کی خدمت میں حاضری دینے —— اُن کی علالت کی خبریں بھی تو آرہی ہیں لیکن قدرت کو جانے کیا منظور تھا نئے سال کا سورج گہن آلود نکلا۔ جو نہ ہونا تھا ہوا۔ مگر وہی تو ہوا جو ہونا تھا۔ موت برحق ہے اس سے کس کو رستگاری ہے۔ ماجد صاحب نے تو مسکراتے ہوئے خوشدلی کے ساتھ فرشتۂ موت کا استقبال کیا ہوگا جان، جانِ آفریں کے سپرد کی ہوگی۔ اقبال نے تو ایسے ہی کسی مردِ درویش کے لئے جس کو حق نے اندازِ خسروانہ سے نوازا تھا کہا ہے۔ فرشتہ موت کا چھوتا ہے۔ گو بدن تیرا، ترے وجود کے مرکز سے دور رہتا ہے۔ ماجد صاحب تو مفسرِ قرآن بھی تھے۔

امجد صاحب پر فالج کے حملے کی اطلاع آئی۔ ماتھا ٹھنکا۔ "صدائے جدید" میں وہ اپنی علالت کے بارے میں خود ہی لکھتے۔ کبھی اشاعت میں بہتری کی اطلاع پڑھ کر اطمینان ہوتا اور ابتری کی اطلاع پڑھ کر تشویش و تردد! ران کی ہڈی ٹوٹ جانے کی اطلاع ملی، ایک اور صدمہ ہوا! اس کے بعد تو کیفیت مایوس کن ہی ملتی رہی اور اب۔

اِنّا لِلّٰہِ وَاِنّا اِلیہِ راجِعون

رفعت صاحب

میں رفعت صاحب کو نہ جانے کب سے جانتا ہوں۔ کچھ ایسا لگتا ہے جب سے کچھ جاننے کی صلاحیت پیدا ہوئی ہے رفعت صاحب کو جاننے لگا ہوں۔ یوں بھی اردو شعر و ادب سے واقف ہونا اور رفعت صاحب کو نہ جاننا گویا خود کو نہ جاننا ہے۔ میں یہ دعویٰ تو نہیں کرتا کہ خود کو جانتا ہوں لیکن یہ ضرور ہے کہ رفعت صاحب کو تھوڑا بہت جانتا ہوں، شاید اسی طرح سے اپنے آپ کو جاننے لگوں۔ —— جب سے اردو ادب کے مطالعہ کا ذوق ہوا ہے، رفعت صاحب کا نام افقِ ادب پر روشن اور تابناک پایا۔ وہ جامعہ عثمانیہ مرحوم کی اُس نسل سے تعلق رکھتے ہیں جس نسل کے بیشتر افراد میرے اساتذہ ہیں، چنانچہ کئی اساتذہ سے رفعت صاحب کا تذکرہ سنتا رہا۔ اُن کا بے پناہ علمی شغف، تصنیف و تالیف میں اُن کا استغراق، تحقیق دیوانگی کی حد تک لگاؤ۔ اُن کی اَن تھک محنت، ترجمہ کرنے کی اُن کی سحر کارانہ صلاحیت، علم و ادب کی صاف اور ستھری پرکھ، اُن کا عالی مذاق —— اور ان سب کے ساتھ اُن کی دل موہ لینے والی شخصیت اور اُس شخصیت میں تہذیبی قدروں کا شستہ، شائستہ اور شگفتہ رچاؤ —— اور پھر ایسا بھی ہوا کہ بیشتر اوقات کتب خانوں میں کسی نہ کسی کتاب کی تلاش کرتے ہوئے رفعت صاحب اچانک سامنے آجاتے! رفعت صاحب کی کوئی نہ کوئی کتاب ہاتھ لگتی، کبھی عرب اور اسلام کبھی تاریخ ادبیات

ایران، کبھی مقام جمال الدین افغانی، کبھی سجاد حیدر یلدرم کبھی کوئی اور —— میں نے رفعت صاحب کی تقریباً ہر کتاب پڑھی ہے۔ تقریباً کیا، ہر ایک کہئے : کوئی کتاب اس لئے کہ اس کا مطالعہ میرے لئے ضروری تھا، کوئی اس لئے کہ بس جی چاہا اور کوئی اسلئے کہ اسکے مصنف رفعت صاحب تھے!

رفعت صاحب سے عرصہ دراز تک ملاقات کا موقع نہیں ملا۔ لیکن کبھی بھی یہ محسوس نہیں ہوا کہ رفعت صاحب سے ملاقات نہیں ہوئی ہے اُن سے شوقِ ملاقات دِل میں ہمیشہ موجزن رہا۔ لیکن یوں نہیں کہ اُن سے کبھی ملاقات نہیں ہوئی ہو اور پہلی مرتبہ ملاقات کا ارمان ہو بلکہ یوں کہ کسی محسن و مشفق ہستی سے ایک اور ملاقات کی آرزو ہو ۔ یہ تو کچھ اُن لوگوں کا کرم تھا جو رفعت صاحب کے بارے میں گفتگو کرتے اور کچھ تو رفعت صاحب کی تحریروں کا جادو تھا اور بہت کچھ میرے تخیل کی کارفرمائی ! رفعت صاحب، میرے تخیل میں ہمیشہ جادو جگاتے رہے

ستمبر ۱۹۶۶ء تک میں قطعی حیدرآباد میں رہا۔ نہ جانے اس دوران رفعت صاحب کتنی مرتبہ حیدرآباد آئے ہوں لیکن اُن سے ملاقات کا موقع نہیں ملا۔ ۱۲ ستمبر ۱۹۶۶ء سے ایس۔ وی۔ یونیورسٹی ترپتی میں ملازمت کی وجہ سے حیدرآباد سے چھوڑنا پڑا۔ کس دل سے یہ ہجرت اختیار کرنی پڑی ہے، کچھ دِل ہی جانتا ہے۔ حیدرآباد کیا چھوٹا کتنے جاں چھڑکنے والے عزیز اور عزیزوں سے بڑھ کر چاہنے والے اساتذہ بے پناہ شفقت اور بے پایاں کرم سے پیش آنے والے بزرگ، سچے اور مخلص دوست۔ کیسی کیسی محفلیں اور کیسے کیسے ادارے چھوٹے کہ جنہوں نے

میری ذہنی تربیت اور میری شخصیت کی تشکیل میں زبردست حصّہ ادا کیا ہے۔ حیدرآباد اکثر و بیشتر جانا ہوتا ہے۔ لیکن تروپتی میں جب کبھی وہ عزیز، وہ اساتذہ، وہ بزرگ، وہ دوست، وہ محفلیں اور وہ ادارے یاد آتے ہیں تو یوں محسوس ہوتا ہے جیسے میں یہاں نامکمل ہوں۔ جیسے میں اپنی شخصیت کا ایک حصہ، ایک بڑا حصہ حیدرآباد میں چھوڑ آیا ہوں۔ نہ جانے کبھی میں اس "میں" کو اپنی اس شخصیت کو مکمل بھی کر پاؤں گا یا نہیں! — لیکن تروپتی آنے کے بعد بعض ایسی محترم شخصیات سے ملنا ہوا، مراسم پیدا ہوئے کہ خود پر ناز بھی ہوتا ہے۔ یوں لگتا ہے، انہی لوگوں سے ملاقات اور مراسم ہیں کہ زندگی کو زندگی کی طرح گزارنے کا حوصلہ اور زندگی سے محبت کرنے کا جذبہ ملا ہے۔ رفعت صاحب انہی محترم شخصیات میں سے ایک ہیں!

مئی جون سنہ ۷۰ء کی بات ہے۔ لسانیات کے گرمائی اسکول میں شرکت کے سلسلے میں لگ بھگ ڈیڑھ ماہ میسور میں قیام کا موقع ملا۔ میسور کو روانگی سے قبل، وہاں جن احباب سے ملاقات کی تمنا موجود تھی، اُن میں رفعت صاحب کا نام سرِفہرست تھا۔ دمکتا جگمگاتا!

اب تو کچھ یاد نہیں کہ رفعت صاحب کا دولت کدہ اُس وقت کہاں تھا۔ ممکن ہے وہ اب بھی وہیں ہوں، جہاں وہ اُس وقت تھے، سنہ ۱۹۷۰ء میں — بہرکیف، مجھے جہاں تک میرا خیال ہے رفعت صاحب کے دولت کدہ کے لیے منڈی محلہ پار کر کے جانا پڑتا تھا۔ میں نے قبل ازیں اطلاع دیئے بغیر رفعت صاحب سے ملاقات کرنی

چاہی اور اُن کے دولت کدے پر پہنچا۔ باہر سے مکان مختصر سا معلوم ہوتا تھا لیکن در و دیوار سے علمیت ٹپکتی ہے۔ جیسے رفعت صاحب کی شخصیت اُن در و دیوار میں رچ بس گئی ہو۔ رفعت خانے میں بیٹھے چند لمحے ہی ہوئے ہوں گے کہ رفعت صاحب تشریف لائے۔ مصافحہ کیا اور بغلگیر ہوئے جیسے اپنے عزیز سے عرصہ دراز کے بعد مل رہے ہوں۔ گرمجوشی کے ساتھ' اپنائیت کے ساتھ' خلوص کے ساتھ!

رفعت صاحب کے بارے میں جو کچھ سنا تھا' رفعت صاحب کو اس سے افزوں پایا۔ بہت زیادہ' بے انتہا' بے حد و بے نظیر۔ میں نے بہت کم لوگوں میں ایسی ناقابل بیان حد تک انکساری دیکھی ہے۔ اُن کے اٹھنے بیٹھنے میں' اُن کی گفتگو میں اُن کے لب و لہجہ میں' عجز و انکساری اس حد تک ہے' اس قدر ہے کہ میں سوچ بھی نہیں سکتا تھا بلکہ یوں کہیے اُس وقت اُسکی تاب ہی نہیں لا سکا تھا۔ میں تو سوچ رہا تھا' رفعت صاحب ایک نامور شخصیت ہیں کیا کیفیت اور کیا کمیت ہر اعتبار سے شعر و ادب میں وہ اردو ادب کے صف اول کے مصنفین میں شمار ہوتے ہیں اُن کا مقام و مرتبہ کسی ایک کے لئے لائق رشک ہے۔ ---- وہ تو بڑی بے نیازی سے پیش آئیں گے۔ اوّل تو اپنی مصروفیات کا تذکرہ کرتے رہیں گے' اپنی تصانیف کے بارے میں رطب اللسان ہوں گے۔ اسکے علاوہ گفتگو کریں گے تو بس اردو ہی میں چلتے چلاتے! لیکن یہ کیا؟ وہ تو بچھے بچھے جا رہے ہیں۔ اتنی لجاجت' اس قدر عاجزی و منکسر المزاجی کہ میں نے بڑی مشکل سے اپنے آپ پر قابو پایا۔ کیا ایسے لوگ آج بھی

اس دنیا میں موجود ہیں ہے مجھے یقین نہ آتا۔ لیکن کیسے یقین نہ آتا رفعت صاحب جو موجود تھے مجھ کو یقین کرنا ہی پڑا۔ یقینِ محکم! ان ہر ایک دو گھنٹوں میں رفعت صاحب نے کیا کچھ باتیں نہیں کیں۔ جامعہ عثمانیہ کی باتیں، فرزندانِ جامعہ عثمانیہ کی باتیں، میرے مضامین کی باتیں، میری کتابوں کی باتیں —— اس موقع پر میں نے اپنی دو تین کتابیں رفعت صاحب کی نذر کیں۔ رفعت صاحب نے کچھ اس انداز سے میری کتابوں کی پذیرائی کی گویا وہ میری شخصیت کو بڑے پیار سے، بڑے خلوص سے، بڑی اپنائیت سے اپنے دل میں جگہ دے رہے ہیں۔ رفعت صاحب نے اس وقت میرے بارے میں، میری شخصیت کے بارے میں، میرے لکھنے لکھانے کے بارے میں بہت کچھ کہا لیکن وہ کچھ نہ کہتے تب بھی میری کتابوں کے تعلق سے اُن کا یہ اندازِ قبولیت میرے لئے داد و تحسین کا خزینہ تھا۔ مجھے یوں لگا میرے لئے اُن کی ستائش جاری ہے یم بہ یم دریا بہ دریا، جو بہ جو —— اس سے بڑھ کر میری حوصلہ افزائی ممکن نہ تھی۔ اسی دوران رفعت صاحب سے دو ایک بار اور ملاقات ہوئی۔ رفعت صاحب عجز و انکساری اور محبت اور ملنساری کے پیکر ہیں۔ اُن کی نشست و برخاست میں شائستگی اور تہذیب، اُن کی آنکھوں میں ٹھنڈک، اُن کے اندازِ تخاطب میں سلیقہ دلنوازی کا، اُن کی گفتگو میں شیرینی، اُن کے لب و لہجہ میں دھیما پن، کانوں میں رس گھولتا ہوا، اُن کے آداب و تسلیمات کا انداز، اُن کی خاطر تواضع میں خلوص، اُن کا رکھ رکھاؤ، اُن کی وضع داری، اُن کی سادگی اور اس سادگی میں نکھار —— میں نے جن لوگوں کو دیکھا ہے، اُن میں اردو تہذیب

اگر اپنی تمام روایتوں، پاکیزہ قدروں، عالی شعائر، پسندیدہ عناصر، دلآویز خدو خال اور قوس قزح کے سے دلکش رنگ و رخ کے ساتھ کہیں ملتی ہے تو وہ رفعت صاحب کی شخصیت بھی ہے۔

رفعت صاحب ملاقات کے وقت خود زیادہ گفتگو کر کے بیشتر افراد کی طرح مخاطب پر رعب جمانا نہیں چاہتے۔ وہ خود کہنے سے زیادہ اوروں کو سنتے ہیں۔ یہ ادا ایسی ہے کہ خود مخاطب اُن سے مرعوب ہو جاتا ہے۔ وہ اپنی کتابوں، اپنے انداز تحریر و تصنیف اور اپنی شخصیت کے بارے میں کم گفتگو کرتے ہیں بے حد کم! مخاطب اس خصوص میں جو بھی استفسار کرے وہ "ہوں"، "ہاں" میں جواب دیں گے یا کم از کم الفاظ میں انتہائی ایجاز، اختصار اور اجمال کے ساتھ!

رفعت صاحب کی تحریر و تصنیف کا بحر، بیکراں نہ سہی، بے حد وسیع ضرور ہے۔ انہوں نے کیا کچھ نہیں لکھا ہے اور کم و بیش ہر اہم ادبی موضوع پر۔ رفعت صاحب اُردو کے خاموش اور پُر خلوص خدمت گذار ہیں انہوں نے شہرت اور کسی انعام و اعزاز کی حرص و ہوس سے ماورا ہو کر اردو کیلئے تن من دھن کی بازی لگا دی ہے۔ انہوں نے مختلف موضوعات اور عنوانات پر اس لئے قلم نہیں اٹھایا کہ اس طرح اُن کا نام نمایاں ہو بلکہ اس لئے کہ یہ موضوعات اور عنوانات اور نمایاں اور رہتم بالشان ہو جائیں ــــ اور رہا بھی یہی ہے ــ آج، رفعت صاحب کے قلم کی جولانی کے سبب کتنے موضوعات اور عنوانات، ادب میں کس قدر وقیع، کتنے جامع اور کیسے عالی مرتبت قرار پائے ہیں۔

رفعت صاحب نے ترجمہ نگاری میں بھی ایسی شمعیں روشن کی ہیں کہ وہ ہمیشہ جگمگاتی، جاگتی اور آنے والی نسلوں کو نئی منزلوں کا پتہ دیتی رہیں گی۔ رفعت صاحب نے ترجمہ نگاری کی تقدیر ہی بدل دی اپنے دلنواز اسلوب، موضوع سے وابستگی اور متعلقہ زبانوں کے اسرار و رموز سے آگہی کے باعث انہوں نے ترجمہ کو تصنیف کا درجہ دیدیا ہے "تاریخ ادبیات ایران" رضا زادہ شفق کی تصنیف ہوتے ہوئے بھی مبارز الدین رفعت کی "تصنیف" ہے۔ انہوں نے اپنی بے پناہ فنکارانہ صلاحیتوں کے باعث اس ترجمہ کو اردو ادب میں اتنا بلند معیار بنا دیا ہے کہ گویا یہ اُن کی اپنی کتاب ہو۔ رفعت صاحب نے اور ترجمے بھی کئے ہیں "عرب اور اسلام"، "ایک مشرقی کتب خانہ" اور "اسلامی فن تعمیر" وغیرہ۔ ہر ہر ایک میں مترجم موضوع کی روح سے آشنا فن ترجمہ نگاری کو نئی گہرائیوں اور دلنواز پہنائیوں سے ہمکنار کرتا گزرتا ہے۔

رفعت صاحب، خود ہی لکھتے پڑھتے نہیں اوروں میں بھی لکھنے پڑھنے کا حوصلہ، امنگ اور ولولہ پیدا کرتے رہتے ہیں۔ اُن کی شخصیت میں وہ بانکپن اور وہ سحر ہے کہ ان کے شاگرد ہوں، اُن کے پرستاروں کو اُن سے ایک خاموش سی تحریک ملتی رہتی ہے وہ دل و جان سے خواہاں ہیں کہ نوجوان علم و ادب کی خدمت کریں، ہر اُس طرح جس طرح کہ وہ کر سکتے ہوں، نوجوانوں کو مشورہ دینے، ان میں احساس ذمہ داری پیدا کرنے کی اُن کی صلاحیتوں کو ابھارنے اور اُن کے جذبہ و شوق کو نکھارنے کے لئے اُجلاس میں، جب بھی اور جیسا بھی ممکن ہو رفعت صاحب

اپنا حصہ ادا کرنے سے پہلو تہی نہیں کی ہے بلکہ یوں کہئے 'سینۂ شمشیر سے باہر ہے دم شمشیر کا۔ وہ ہمیشہ آگے رہے۔ اوروں کے بارے میں کیا عرض کروں۔ ایک مرتبہ خود مجھے فارسی ادب کے باب میں معلومات درکار تھیں۔ رفعت صاحب سے بہتر اور کوئی شخصیت دکھائی نہیں دی کہ اُس سے رجوع ہوتا۔ میں نے مکتوب ارسال کیا۔ رفعت صاحب ان دنوں علیل تھے (میں اس سے لاعلم تھا) اور کچھ ایسے علیل کہ لکھنا انہوں نے ترک کردیا تھا' خط لکھنا بھی ـــــ انہوں نے اپنی بیگم صاحبہ سے مکتوب تحریر کروایا اور میرے استفسار کا اطمینان بخش جواب ارسال کیا۔ میرے لئے استعجاب کی انتہا نہ تھی!!! ایسے کتنے لوگ ہیں جو رفعت صاحب کے کردار سے روشنی اور رہنمائی حاصل کرسکتے ہیں۔

مجھے اس کا شدید احساس ہے کہ زندگی اور زمانے نے رفعت صاحب سے انصاف نہیں کیا ہے۔ رفعت صاحب نے خود کو سستی شہرت سے' دنیاوی عز و جاہ سے بے نیاز رکھا اور اس کمبخت دنیا نے فرصت ہی نہیں پائی کہ اُن کا حق ادا کرتی' اپنا فرض نبھاتی۔ رفعت صاحب کی بے نیازی اُن کی دلیلِ عالی ظرفی ہے لیکن اس دنیا کی عالی ظرفی اس میں تھی کہ وہ رفعت صاحب کا مقام پہچانتی۔ علم کے سچے اور پرخلوص خدمت گذار کی منزلت کرتی۔ اپنی ذمہ داری کا احساس کرتی' لیکن اس دنیا نے کب عالی ظرفی کا مظاہرہ کیا ہے؟ کب علم و ادب کے سچے اور پرخلوص خدمت گذاروں کا حق ادا کیا ہے؟ کون اس کا ماتم کرے اور کس قدر؟! آج کیسے کیسے لوگ' کتنے کتنے اور کیسے کیسے انعام و اعزاز حاصل کررہے ہیں

ایوارڈ پا چکے ہیں اور نوازے جا رہے ہیں۔ ان میں کئی ایک مستحق ضرور ہیں لیکن کئی ایک ایسے بھی تو ہیں جو ارردل ہی کی نظر میں نہیں اپنی نظروں میں بھی خود کو رفعت صاحب کے مقابلہ میں بونا محسوس کرتے ہوں گے۔ یوں لوگ کے اس حدر میں رفعت صاحب اور ایسے ہی کئی رفعت صاحبان سانس لے رہے ہیں۔ یہ انسانیت کا المیہ نہیں تو اور کیا ہے؟ اقبال نے کچھ ایسی ہی شخصیات اور ایسے ہی حالات کے بارے میں کہا ہو گا ؎

ہوئی نہ عام جہاں میں کبھی حکومتِ عشق
سبب یہ ہے کہ محبت زمانہ ساز نہیں

محبت کا وقار اسی میں ہے۔ محبت، محبت اسی لئے ہے کہ وہ زمانہ ساز نہیں رفعت صاحب نے بھی کبھی زمانہ سازی نہیں کی۔ وہ ایسا سوچ بھی نہیں سکتے تھے وہ ایسا کر بھی نہیں سکتے تھے ورنہ ان کی دنیاوی ترقی کی سطح کچھ اور بلند ہوتی —— یہ رفعت صاحب کو نہیں معاشرے اور ماحول کو سوچنا ہے کہ اس نے رفعت صاحب کے ساتھ کیا کیا؟ ان کو کیا دیا؟ رفعت صاحب دنیاوی اعتبار سے جس مقام پر پہنچے وہ ان کی شان کے عشر عشیر بھی نہیں۔ ان کا موقف، مقام اور مرتبہ اس سے ہمیشہ افضل اور بلند رہا۔ ہاں رفعت صاحب کے باعث اس مرتبہ کی اس عہدہ کی توقیر میں اضافہ ضرور ہوا۔ رفعت صاحب نے اس طرح ایک روشن مثال قائم کر دی۔ ان سب کے لئے طمانیت قلب کا سامان فراہم کر دیا۔ بے لوث اور پر خلوص خدمت گذار، مادی انعام و اکرام اور دنیاوی اعتبارات و اعزازات سے بے نیاز اور بے پروا ہوتے ہیں۔ ان کی

مشغولیات اور خدمات ہی اُن کا صلہ، اُن کے لئے سب کچھ ہوتا ہے۔
رفعت صاحب کے کردار کا یہ پہلو کتنوں کے لئے مینارۂ نور ہے!

قسمت نے بعض ایسے افراد سے بھی ملاقات کا موقع بخشا جو رفعت صاحب کو پسند نہیں کرتے اور اُن کی ناپسندیدگی کی وجہ صرف یہ ہے کہ رفعت صاحب، رفعت صاحب ہیں! میں رفعت صاحب کو نہ فرشتہ متصور کرتا ہوں اور نہ فرشتہ صفت! میری نظروں میں وہ صرف ایک انسان ہیں اور انسان ہونا ہی اُن کی عظمت و رفعت کی دلیل ہے۔ ہو سکتا ہے کہ بحیثیت انسان، اُن میں کچھ کمزوریاں ہوں لیکن میں نے جب بھی رفعت صاحب کو دیکھا، سُنا، پڑھا اور پرکھا، وہ ہمیشہ لائق تقلید انسان دکھائی دیئے، میرے لئے ہی نہیں، اُن لوگوں کے لئے بھی جو رفعت صاحب کو کسی نہ کسی وجہ سے پسند نہیں کرتے اور اس "کسی نہ کسی وجہ" کا اُن کے پاس کوئی جواز نہیں۔ بس چونکہ وہ پسند کرنا نہیں چاہتے اس لئے پسند نہیں کرتے! اور کیا کہئے؟ یہ وہ لوگ ہیں جو خود کچھ نہیں کرتے اور کچھ کرنا بھی نہیں چاہتے۔ اور اُن کا اعتراض بھی یہی ہے کہ رفعت صاحب کیوں کچھ نہ کچھ کرتے رہتے ہیں۔ یہ بھاری بھرکم تصانیف اور شب و روز تصنیف و تالیف میں مشغولیت، یہ ایک جہاں میں شہرت اور نیکنامی، رفعت صاحب کے حصّہ میں کیوں آئے جب کہ اُن کے حصّہ میں نہیں آئی۔ یہ لوگ نہیں جانتے اور جاننا بھی نہیں چاہتے کہ رفعت صاحب اس لئے نہیں لکھتے کہ لکھا ہے کہ وہ لکھنا لکھنا چاہتے ہیں بلکہ اس لئے کہ لکھنا پڑھنا تو رفعت صاحب کی عین زندگی ہے۔ اگر لیل

لوح و قلم سے اپنا رشتہ منقطع کر لیتے یا کر لیں تو رفعت صاحب کی شخصیت مکمل کہاں ہوگی۔ متاعِ لوح و قلم ہی تو ہے جو رفعت صاحب کو رفعت صاحب بنائے ہوئے ہے۔ کاش! رفعت صاحب کو پسند نہ کرنے والے آشنا مجھیں وہ رفعت صاحب ہی کو نہیں خود کو بھی جاننے لگیں گے۔ میں تو یہ کہوں گا کہ رفعت صاحب کو پسند نہ کرنے کی وجہ ان افراد میں دراصل خود آگہی کی کمی ہے۔ یہ سچ بھی تو ہے کہ اور سب آسان سہی لیکن اپنی پہچان بے حد مشکل بہت دشوار ہے۔

رفعت صاحب کو بعض لوگ خواہ ناپسند کریں لیکن رفعت صاحب نے کبھی کسی کو ناپسند نہیں کیا۔ اپنے ناپسند کرنے والوں کو بھی۔ حالانکہ وہ اس سے باخبر ہیں کہ بعض لوگ اُن کے حق میں اچھی رائے نہیں رکھتے۔

رفعت صاحب سے خط و کتابت بھی رہی لیکن کم کم! ہاں یہ ضرور ہوا کہ جب بھی خط لکھا رفعت صاحب نے جواب سے نوازا، ممکنہ عجلت کے ساتھ! ——— ایک دفعہ کی بات ہے مدت سے رفعت صاحب کے بارے میں کوئی اطلاع نہیں ملی تھی۔ ماہنامہ "شاعر" بمبئی کے کسی شمارے میں میں نے رفعت صاحب پر اپنے عزیز دوست طیب انصاری کا مضمون پڑھا۔ اس میں کہیں رفعت صاحب کی علالت کا تذکرہ تھا۔ میں نے مضمون پڑھنے کا سلسلہ منقطع کر کے رفعت صاحب کو خط لکھا۔ اُن کی مزاج پرسی کی اور اس توقع کا اظہار کیا کہ اب اُن کی صحت اچھی ہوگی۔ رفعت صاحب نے جیسا کہ ہوتا آیا تھا جواب سے جلد ہی نوازا۔ اور اپنی علالت کے باوجود بڑی توجہ، بڑی محبت اور بڑی عنایت سے تفصیلی خط لکھا۔ مجھے اس خط کا ایک حصہ

آج بھی نہیں بھولتا، ہر وقت یاد آتا رہے گا کہ اس میں لکھنے پڑھنے سے اُن کی شدید جذباتی وابستگی کا بے پایاں اظہار ہوتا ہے۔ انہوں نے غیر معمولی دکھ درد کے ساتھ اپنی علالت کا ذکر کرتے ہوئے تحریر کیا!

"...... تمام مشاغل ترک، کہیں آنا ہے نہ جانا ہے۔ ہفتہ میں دس گھنٹے پڑا رہنا پڑتا ہے۔ آواز بیٹھ جانے کی وجہ پڑھنے میں کافی دشواری پیش آتی ہے تاہم کسی نہ کسی طرح پڑھ ہی لیتا ہوں۔ پڑھنا اب بھی جاری ہے لیکن غم یہ ہے کہ لکھنا بالکل چھوٹ گیا ہے ......"

رفعت صاحب کے خطوط اُن کی شخصیت کے آئینہ دار ہیں۔ وہ سارے اوصاف جن کو میں نے اجمیٰ اُردو تہذیب سے موسوم کیا ہے۔ رفعت صاحب کی شخصیت کی طرح اُن کے خطوط میں بھی نغمات بکھیرتے رہتے ہیں آج جب بھی ایسے کسی موقع پر رفعت صاحب کے پرانے خطوط پڑھتا ہوں تو یوں لگتا ہے رفعت صاحب سامنے بیٹھے ہیں اور اُن سے گفتگو کا سلسلہ جاری ہے رفعت صاحب کو اس کا جس قدر بھی غم ہو۔ مجھ کو اس سے کہیں زیادہ غم ہے کہ رفعت صاحب نے لکھنا ترک کر دیا ہے اردو ادب سے تھوڑی بہت دلچسپی رکھنے والا بھی اس کو محسوس کرے گا لیکن یہ دو ایک برس دو سال قبل کی بات ہے اس دوران یقین ہے کہ رفعت صاحب کی صحت خاصی بہتر ہو گئی ہوگی اور اب وہ تحریر و تصنیف کے کام میں دوبارہ منہمک ہو چکے ہوں گے ہم نئی نسل کے لوگوں کی یہی آرزو ہے کہ رفعت صاحب اپنی تحریر و تصنیف کی نئی شمعیں روشن کرتے رہیں تاکہ ہم اردو ادب کی شاہراہوں پر آگے اور آگے بڑھتے رہیں اور اس مینارۂ نور سے دیدہ و دل اور ذہن و فکر کے لئے روشنی حاصل کرتے رہیں۔

۱۴ مارچ ۱۹۷۵ء

یونس صاحب

چہرے قدرے گول اور قدرے کتابی جس پر خلوص و محبت کی ہر آیت پڑھی جاسکتی ہے۔ ناک جس کو ادارۂ شمع کی ناک کہنا چاہیئے۔ عینک کے شیشوں کے پیچھے سے مسکراتی نہیں، تبسم آنکھیں، جن میں متانت اور سنجیدگی کی لہریں موجود، پیشانی کی شکنیں فکر و تدبر کی تفسیر لیئے ہوئے۔ گفتگو مختصر نپی تلی اور برموقع جیسے شمع ادبی معمول کے اشارے۔ قد و قامت، متوسط جیسے اعتدال پسندی کا پیکر اور بڑی ہی باوقار اور باوزن چال ——

ان سب کے امتزاج کا نام ہے یونس دہلوی!

یونس صاحب سے میری پہلی ملاقات اُس وقت ہوئی جب میں دسویں جماعت کا طالب علم تھا۔ ۱۹۵۲ء کی بات ہے۔ مارچ کی ۲۲ تاریخ تھی کسی شمع معمے کے پہلے انعام کی ادائی کے سلسلہ میں وہ حیدرآباد آئے تھے اور میں اُس وقت شمع معمول کے جنرل مینجر یا کہا تھا۔ یا ماہنامہ "شمع" کے مدیر سے زیادہ ماہنامہ "کھلونا" کے مدیر کی حیثیت سے اُن کا مداح تھا۔ معظم جاہی مارکٹ سے قریب کسی کوٹھی میں، میں اُن سے ملاقات کے لیے پہنچا۔ یونس صاحب نے جس سادگی اور اپنائیت کے ساتھ مجھ سے گفتگو کی میں اُس سے بے حد متاثر ہوا۔ میرے ہمراہ میرے دوست معین قریشی بھی تھے (پتہ نہیں اب وہ کہاں ہیں؟) ہم دونوں کے ساتھ کیمرہ تھا۔ جب اُن سے تصویر لینے کی خواہش کی تو یونس صاحب فوراً تیار ہو گئے۔ نہ انہوں نے رسمی تکلف سے کام لیا

اور نہ کسی قسم کا پس و پیش کیا جیسا کہ بعض لوگ عموماً ایسے مواقع پر کرتے ہیں۔ انہوں نے خوشی خوشی دو، تین مرتبہ تصاویر لینے کا موقع دیا۔ تصویر کشی کے بعد یونس صاحب ہمارے دید لطیفی صاحب کے ہمراہ کہیں جانے لگے۔ اُن کی آنکھوں پر چشمہ دیکھ کر مجھے شمع میں ایک سوال کے جواب میں محترم یوسف دہلوی کا جملہ یاد آیا کہ یونس صاحب چشمہ نہیں لگاتے، چنانچہ میں نے پوچھا یوسف صاحب نے تو ایسا لکھا تھا مگر آپ کی آنکھوں پر تو چشمہ ہے۔

"پروانوں کی نظر لگ گئی" یونس صاحب کا جواب تھا۔

اس مختصر ملاقات کو عرصہ گذر گیا لیکن اس پہلی ملاقات کے نقوش میرے ذہن سے کبھی محو نہ ہو سکے میرے اور یونس صاحب کے مابین یوں بھی کئی کوس حائل تھے۔ اس دوران میں نے کچھ عرصہ کے لئے ماہنامہ "شگوفہ" جاری کیا جو شمع کے ادارے کے مضمون کی نذر بطور پیش کرتا تھا۔ "شگوفہ" کے سلسلے میں ہمارے دفتری خطوط و کتابت کے یونس صاحب سے ذاتی خط و کتابت کا موقع نہیں ملا۔ میں نے بھی یہ سوچ کر بھی خاموشی اختیار کی کہ شاید وہ مجھ کو بھول چکے ہوں، خط و کتابت سے حاصل؟

نومبر ۱۹۶۲ء کی بات ہے، پی ایچ۔ ڈی کے تحقیقاتی کام کے سلسلے میں مجھ کو ایک آدھ ماہ کے لئے علی گڑھ اور دہلی جانا پڑا۔ میں نے سوچا کیوں نہ اس موقع سے استفادہ کرتے ہوئے یونس صاحب سے ملاقات کی جائے۔ میں نے علیگڈھ سے انہیں خط لکھا کہ میں دہلی آ رہا ہوں اور اُن سے ملاقات چاہتا ہوں۔ کچھ ایسا یقین تھا کہ یونس صاحب کے ذہن سے ۱۹۵۲ء کی مختصر سی ملاقات فراموش ہو چکی ہو گی پتہ نہیں وہ مجھے پہچانتے بھی ہیں

نہیں۔ میری حیرت کی انتہا نہ رہی یونس صاحب کے ذہن میں ۲۲ مارچ کی تاریخ تابندہ تھی۔ مجھے محسوس ہوا گویا میں اس عرصہ میں یونس صاحب سے کئی بار ملاقات کر چکا ہوں۔ یونس صاحب اس وقت شمع کے سرورق کے بارے میں کسی سے گفتگو کر رہے تھے۔ کچھ دیر بعد وہ مجھ سے مخاطب ہوئے میرے علیگڑھ اور دہلی آنے کی غایت دریافت کی۔ میری تعلیم وغیرہ کے بارے میں پوچھتے رہے۔ وہ دفتر میں بے حد مصروف دکھائی دیتے تھے تاہم وہ مجھ سے یوں ہمکلام ہوئے گویا یہ بھی اُن کی ایک اہم مصروفیت تھی۔ اُن کا لب ولہجہ اور طرزِ گفتگو غیر معمولی اپنائیت لئے ہوئے تھا جیسے وہ اپنے کسی گہرے دوست سے مدتوں بعد ملاقات کر کے واپس ہو رہا ہو۔

میرے اور یونس صاحب کے مابین اب کبھی کبھی خط وکتابت بھی ہونے لگی۔ ایک مرتبہ وہ دہلی سے مدراس جا رہے تھے، طیران گاہ بیگم پیٹ پر تیس چالیس منٹ تک انھیں ٹھہرنا تھا۔ انھوں نے لکھا کہ طیران گاہ پر ملیں تاکہ کچھ گفت و شنید ہو ـــــ رمضان کا مہینہ تھا، یونس صاحب روزہ تھے اب مجھے قدرے حیرت ہوئی۔ اِن دنوں متمول گھرانوں میں مذہب سے عموماً بے پروائی پائی جاتی ہے پھر ایک فلمی رسالے کا ایڈیٹر ایسا مصروف شخص اور دہلی سے مدراس تک کا طویل سفر! یونس صاحب کی صوم وصلوٰۃ کی پابندی ہی میرے لئے کچھ کم حیرتناک نہیں تھی کہ انھوں نے رویتِ ہلال کے موضوع پر گفتگو شروع کر دی۔ وہ بے تکان کہے جا رہے تھے اور میں یوں ہمہ تن گوش تھا جیسے کسی عالمِ دین کی تقریر سن رہا ہوں!

یونس صاحب دیکھنے میں کچھ لیکن ٹھل انداز میں گفتگو کرتے ہیں اُن کو

گفتگو کرتا ہوا دیکھ کر کوئی یہی سمجھے گا کہ کسی عام سے موضوع پر سرسری بات چیت
ہو رہی ہے لیکن اُن کے دلائل پر غور کریں تو سامع کو اُن کے معلومات، تدبر اور
فراست کا قائل ہونا ہی پڑتا ہے۔ ویسے "شمع معموں" کے دور میں "کیوں اور
کیسے" کے تحت پرنس صاحب کمپائیلر کی حیثیت سے کم سے کم الفاظ میں
جو دلائل پیش کرتے اُن سے کون واقف نہیں۔ شمع معموں کے آغاز سے
امروز تک ہندوستان بھر میں کتنے معمے جاری ہوئے، کوئی اِن کا شمار
بھی نہ کر سکے اور پھر اُن کی مدتِ حیات؟ بعض کے ماہ و سال تو انگلیوں پر گنے
جا سکتے ہیں ــــــ شمع کے ادارے سے جاری کردہ معموں کے رخشندہ
و تابناک ہونے کے جہاں اور اسباب ہیں پرنس صاحب کی شخصیت کو
بھی بڑا دخل ہے۔ وہ معمہ سازی میں غیر معمولی تجربہ اور مہارت رکھتے ہیں۔
وہ اونچا ادبی ذوق رکھتے ہیں، کسی بھی ادبی مسئلہ پر اُن سے گفتگو کیجئے اس کا
اندازہ بآسانی لگایا جا سکتا ہے۔ وہ نہ صرف پر دالوں کی لغیات سے
کما حقہ واقف ہیں بلکہ ملک کی معاشی، معاشرتی، سیاسی اور مذہبی
زندگی کا بھی ادراک رکھتے ہیں۔ شمع معموں کے اشارے ملک کے حالات
و مسائل اور عوام کے عادات و اطوار کی آئینہ داری کرتے ہیں۔ اس حقیقت
سے کون انحراف کر سکے گا کہ اردو معمہ سازی کی دنیا میں پرنس صاحب
جیسا کمپائیلر نہ تو آج تک پیدا ہوا ہے اور نہ شاید کبھی پیدا ہو۔ شمع ادبی
معمے بہتوں کے لئے محض دل بہلائی، وقت گذاری اور بیکاری کا مشغلہ
نہیں وہ ہندوستانی عوام کے ایک بڑے طبقے کی ادبی اور تہذیبی
زندگی کا جزو بن چکے ہیں، اور کیا مثالیں دوں، گذشتہ دو ایک معموں ہی

اشاروں کا جائزہ لیں تو ان میں ہندوستانی عوام کا مزاج اور ان کی تہذیب کے خدوخال جھانکتے نظر آئیں گے۔ دو ایک اشارے درج کرتا ہوں، ہندوستان آج جس لسانی اور صوبائی تعصب کا شکار ہے، جن خم و پیچ سے گذر رہا ہے اُن کو ذہن میں رکھئے۔ یہ اشارہ ان سے کس حد تک مطابقت رکھتا ہے۔

"اس بات کا اندیشہ ہے کہ آج انسان نے جو کچھ حاصل کیا ہے، وہ نفرت، تقسیم پسندی اور جز پرستی کے فلسفوں کے ہاتھوں تباہ ہو جائے" (شمع ادبی معمہ ۲۷۔۱)

اور ان اشاروں پر بھی غور کیجیے:۔

"گاؤں والوں کی زندگی میں قابلِ ذکر تبدیلیاں آئی ہیں کھانے کی عادتیں بدل رہی ہیں۔" (شمع ادبی معمہ ۲۹۔۱)

"اہلِ علم کی بہت کچھ کسمپرسی اور بدحالی ہو چکی، اب اس سے زیادہ نہ ہونی چاہیئے۔" (شمع ادبی معمہ ۱۶۸)

"تیسری عالمگیر جنگ (جو جوہری جنگ بھی ہو سکتی ہے) کے خطرات کے پس منظر میں اس اشارے کا جائزہ لیجیے:۔

"اگر جنگ ناگزیر ہوتی ہے تو جنگی اسلحہ اور سامانِ حرب کی تیاری کے لئے وسائل کے استعمال کا فیصلہ کرنا ہوگا۔" (شمع ادبی معمہ)

یونس صاحب ایک مدیر کی حیثیت سے اپنے فرائض کو بحسن و خوبی اور انتہائی خوشگواری و خوش دلی کے ساتھ انجام دیتے ہیں۔ دہلی اور حیدر آباد میں اُن سے کئی ملاقاتیں رہیں میں نے ہر موقع پر اندازہ لگایا کہ وہ

کتنی مصروف زندگی گذارتے ہیں۔ دہلی سے بمبئی اور مدراس وغیرہ کے سفر تو ان کے لئے عام بات ہیں (وہ یورپ اور کئی مغربی ممالک بھی ہو آئے ہیں)۔ یونس صاحب چھوٹے اخبارات کے مسائل پر غور کرنیوالی کمیٹی کے رکن ہیں۔ اس سلسلہ میں انہوں نے ہندوستان بھر کا دورہ کیا ہے کمیٹی کے ارکان کے ہمراہ انہیں حیدرآباد آنا تھا لیکن وہ تاریخ مقررہ پر نہیں، دوسرے روز آئے۔ دوران گفتگو میں اپنی مصروفیات کا ذکر کرتے ہوئے انہوں نے بتایا وہ رات بھر کام کرتے رہے اور سویرے طیارہ کے ذریعہ حیدرآباد پہنچے۔

یونس صاحب قارئین کی دلچسپی کو پوری طرح ملحوظ رکھتے ہیں۔ "شمع" اور شمع کے ادارے سے نکلنے والے جرائد سے اس کا بخوبی اندازہ لگایا جاسکتا ہے کہ وہ اردو کے بیشتر رسائل اور اخبارات کے مدیران کی طرح برائے نام مدیر نہیں۔ کئی افراد پر مشتمل "شمع" کے ادارتی عملہ کے باوصف وہ خود ذاتی طور پر ادارتی امور میں دلچسپی لیتے ہیں۔ اردو کے صف اول کے شاعروں اور ادیبوں سے ان کے شخصی مراسم ہیں۔ انہوں نے اپنے ادارے کی مطبوعات کے ذریعہ اردو صحافت کو ظاہری اور معنوی ان گنت خوبیوں اور نئی قدروں اور سمتوں سے آشنا کیا۔ انہوں نے اردو کتابت اور طباعت کو نیا رنگ و آہنگ دیا، وقعت، وزن اور وقار سے روشناس کرایا۔ آفسیٹ پلاک کی طباعت اور کتابت و طباعت کے کئی دلآویز نمونوں کے آغاز کا سہرا ادارہ شمع ہی کے سر ہے۔ شمع کے ادارے سے نکلنے والے کئی جرائد کو ہندوستانی زبانوں کے اخبارات ہی نہیں انگریزی کے اخبارات کے مقابلہ میں بھی

فخر و مسرت کے جذبات کے ساتھ پیش کیا جا سکتا ہے۔ یہی وجہ ہے کہ یونس صاحب شمع کے مدیر کی حیثیت سے کئی صحافتی اداروں اور سرکاری کمیٹیوں میں شامل کیے گئے ہیں۔

یونس صاحب بلا کی انتظامی صلاحیتوں کے حامل ہیں۔ جنرل منیجر کی حیثیت سے وہ ادارۂ "شمع" کے مرکز و محور اور روح رواں ہیں، وہ اپنے طور پر بے حد اصولی اور کارکرد تسلیم کئے جاتے ہیں۔ شمع کے دفاتر میں کارکنوں سے تھوڑی بہت گفتگو کے دوران میں نے محسوس کیا کہ ان کے دلوں میں یونس صاحب کی قدر و منزلت کتنی زیادہ ہے۔ وہ کارکنوں سے مخلصانہ کارکردگی کی توقع رکھتے ہوئے اُن کی کوتاہیوں اور خامیوں پر بہت بہت کم باز پرس کرتے ہیں اُن کی اسی کیفیتِ مزاج نے ہر کسی کو اُن کا گرویدہ اور شیدائی بنا دیا ہے۔

میں یونس صاحب کی نجی اور خانگی زندگی کے بارے میں کچھ نہیں جانتا۔ تاہم 'شمع' اور 'کھلونا' کا مسلسل مطالعہ کرنے والے محسوس کر سکتے ہیں کہ یونس صاحب، محترم یوسف صاحب کے کس قدر سعادت مند فرزند ہیں۔ شمع کے دفاتر میں جناب ادریس دہلوی اور جناب الیاس دہلوی سے گفت و شنید کے دوران میں نے اندازہ لگایا کہ وہ دونوں یونس صاحب کو اپنے بڑے بھائی کی حیثیت سے کس قدر محترم جانتے ہیں ظاہر ہے یہ اسی کا نتیجہ ہے کہ یونس صاحب بھی اپنے چھوٹے بھائیوں سے انتہائی شفقت اور محبت سے پیش آتے ہوں گے! بانو کے قارئین، خصوصاً سوالات اور جوابات کے کالموں میں یونس صاحب کا کردار ایک تصوراتی شوہر کے روپ میں اُبھر آتا ہے۔ زینت بھابی جس چاہ اور شوق سے ازدواجی زندگی کے بارے میں بانو پڑھنے والوں کو مشورے

دیتی ہیں اُن سے اُن کی کامیاب ازدواجی زندگی کی تصویر اُبھر آتی ہے۔ جو بانو پڑھنے والی ہر سماتون کے مشعلِ راہ کا کام بھی دیتی ہے۔

یونس صاحب اپنے مناصب اور ذمہ داریوں کے باعث متنوع شخصیت کے مالک ہیں۔ میرے لئے ممکن نہیں کہ اُن کی شخصیت کے ہر ہر پہلو کو صفحۂ قرطاس پر رقم کردوں تاہم میں نے محدود ملاقاتوں میں اُن کی شخصیت کا ممکنہ حد تک ایک محدود مطالعہ کرنے کی سعی کی ہے۔ اس سعی میں میں کہاں تک کامیاب ہو سکا ہوں اس کا اندازہ اور دل سے زیادہ خود یونس صاحب ہی کر سکیں گے۔

آج جب میں اُن سے ملاقاتوں کی یادوں کو لوح و قلم کی گرفت میں لا رہا ہوں تو ایسا محسوس ہوتا ہے جیسے وہ میرے بالمقابل کھڑے تصویر کھنچوا رہے ہوں، میں اُن سے دفترِ شمع میں بیٹھا گفتگو کر رہا ہوں، وہ طیارے سے اُتر رہے ہیں اور ہم طیران گاہ کی انتظار گاہ میں بیٹھے محوِ گفتگو ہیں اور یہ فتح میدان گیسٹ ہاؤز ہے جہاں میری اُن سے بات چیت ہو رہی ہے۔ جگر کے الفاظ میں یہ

وہ کب آئے بھی اور گئے بھی نظر میں اب تک سما رہے ہیں
یہ چل رہے ہیں وہ پھر رہے ہیں یہ آ رہے ہیں وہ جا رہے ہیں

دِلداریٔ عروسِ سخن

فیض احمد فیض کے دہلی آنے کی توقع رہی ہو تو اور بات ہے لیکن کم از کم یہ توقع نہیں تھی کہ وہ اِن دنوں میسور آئیں گے۔ چنانچہ میسور میں لسانیات کے گرمائی اسکول کے دوران ایک صبح بنگلور کے ایک اردو اخبار کے ذریعہ یہ اطلاع ملی کہ فیض نیشنل بک ٹرسٹ نئی دہلی کی جانب سے منعقدہ مصنفین کے پہلے کیمپ میں شرکت کرنے کے لئے میسور آ رہے ہیں تو یقین کم ہی آیا۔ یہ بات ناقابلِ یقین ہونے کی ایک اور وجہ بھی تھی کہ یہ کیمپ صرف کنڑی، مراٹھی، ملایالم اور سندھی زبانوں کے مصنفین کے لئے تھا۔ مصنفین کے کیمپ کا افتتاحی جلسہ ۳۰ر مئی کو میسور یونیورسٹی کے خوبصورت سینٹ آڈیٹوریم میں تھا۔ ہم سب مدعو تھے۔ وہاں فیض سے تو ملاقات نہیں ہوئی لیکن نیشنل بک ٹرسٹ کے معتمد جناب کرتار سنگھ دُگل نے بتایا کہ فیض ۲ جون کو میسور آئیں گے اور ۱۲ر جون کو دہلی واپس ہوں گے۔ مصنفین کے اِس کیمپ میں فیض کی شرکت خود اُن کے الفاظ میں غیر متوقع اور شخصی نوعیت کی تھی۔ وہ دہلی آئے ہوئے تھے، دُگل صاحب نے جن سے اُن کے گہرے مراسم ہیں، میسور چلنے کے لئے اصرار کیا۔ ٹیپو سلطان کی سرزمین، تاریخی اور تفریحی مقامات اور میسور کا خوشگوار موسم ——— فیض لگ بھگ ۴۲ گھنٹوں بعد کھنچے میسور جا گئے۔

فیض ۲ر جون سنہ ۱۹۸۰ء کو شام میں (لگ ۵) بجے میسور آ چکے تھے لیکن

کسی سے ملاقات کا پروگرام نہ بن سکا۔ دوسرے ورنہ اُن کے پروگرام میں صبح کو مصنفین کے کیمپ میں شرکت کے بعد ۱۱ بجے میسور یونیورسٹی میں اردو کی پروفیسر محترمہ حبیب النساء بیگم کے ہاں شریف آوری شامل تھی ہم آٹھ۔ دس افراد وہیں مدعو تھے۔

فیض کی شخصیت میں اُن کی شاعری کی طرح بڑا سلجھاؤ، ہمواری، ٹھہراؤ متانت، تہذیب، شائستگی، وزن اور وقار پایا جاتا ہے۔ اُن کا کلام روایت اور بغاوت کا خوبصورت سا امتزاج ہے۔ میں نے اُن کی شخصیت میں بھی بغاوت کا کم اور روایت کا عنصر زیادہ پایا۔ اُن کی شخصیت میں نہ تو لاابالی نظر آئی اور نہ بے پروائی اور نہ وہ شاعرانہ انداز جو سننے آتے ہیں ـــ بڑے سنبھلے سلجھے، شستہ و شائستہ سے، لئے دیئے اور منکسر المزاج ـــ لیکن لب و لہجہ گمبھیر، الفاظ جیسے ناپ تول کر کہہ رہے ہوں۔ وہ سادہ سے لباس میں تھے۔ پتلون اور بش شرٹ۔ متعارف ہوتے ہی میں نے محسوس کیا اُن کی شخصیت اور شاعری میں کہیں زیادہ ہم آہنگی پائی جاتی ہے گویا وہ ایک ہی تصویر کے دو رخ ہوں۔ اُن کی نظم "رقیب" کے اشعار ہیں ـــ

عاجزی سیکھی، غریبوں کی حمایت سیکھی
یاس و حرمان کے، دکھ درد کے معنی سیکھے
زیردستوں کے مصائب کو سمجھنا سیکھا
سرد آہوں کے، رخِ زرد کے معنی سیکھے

فیض سے ملاقات کے بعد میرا تاثر ہے، یہ اُن کی شاعری نہیں،

شخصیت بھی ہے۔ ہند پاکستان ثقافتی تعلقات پر گفت و شنید ہو رہی تھی۔ فیض نے کہا ٹیپو سلطان کی زندگی سامراجی طاقتوں کے خلاف مسلم جدوجہد کی ایک عمدہ مثال ہے۔ چونکہ ان جیسے واقعات کو نظر انداز کر دیا گیا ہے اس لئے ثقافتی تعلقات کی بحالی میں دشواری بھی ہو چکی ہے بہرکیف کوئی راستہ معلوم کیا جانا چاہیئے کہ ان دشواریوں پر قابو پایا جا سکے فیض کچھ دیر کے لئے رک سے گئے۔ میں سوچ رہا تھا فیض نے یہ بات تو اپنے اشعار میں بھی کہی ہے۔ میرے ذہن میں اُن کی نظم "اے دلِ بے تاب ٹھہر" کے یہ مصرعے گونجنے لگے ۔

رات کا گرم لہو اور بھی بہہ جانے دو
یہی تاریکی تو ہے غازۂ رُخسارِ سحر
صبح ہونے ہی کو ہے اے دلِ بے تاب ٹھہر

اور پھر جب ہندوستان اور پاکستان کے ادیبوں کے مسائل کا ذکر ہوا تو انہوں نے بتایا ان دونوں ممالک میں ادیبوں کے مسائل بڑی حد تک مشترک ہیں۔ اس کی وجہ یہ ہے کہ ان دونوں ممالک کے عوام کے مسائل بھی مشترک ہیں ویسے جہاں تک سماجی امور میں مماثلتوں اور اشتراک کا تعلق ہے صرف ہندوستان اور پاکستان ہی کیا؛ اس دور میں دنیا کے کئی ممالک کی سماجی قدریں ایک سی ہیں اس لئے آج کے فنکار کو علاقائی وابستگی سے بے تعلق ہو کر اور قومی حدود سے نکل کر بین الاقوامی سطح پر کردار ادا کرنا ہے۔

میں نے بات چیت کا رُخ موڑتے ہوئے کہا "فیض صاحب ۱۹۷۱ء

پہلے کے مقابلے میں آیا ان دنوں آپ کی شاعری یا شاعرانہ نقطۂ نظر میں کوئی تبدیلی آئی ہے؟" فیض نے فوراً کہا۔ "نہیں"۔۔۔ "کیوں؟" ۔۔۔ میں نے دریافت کیا۔ "1947ء کے مقابلے میں آج جب کہ حالات بہت کچھ تبدیل ہو چکے ہیں۔ آپ ان تبدیلیوں سے کیوں متاثر نہیں ہوئے؟ جب کہ آپ اس پر یقین رکھتے ہیں کہ ادب کو زندگی کا عکاس اور ترجمان ہونا چاہیئے؟" فیض نے میرے سوال کے دوسرے حصّے سے اتفاق تو کیا لیکن سوال کے پہلے حصّے سے اُن کو بنیادی اختلاف تھا۔ انہوں نے کہا: "حالات بدلے ضرور ہیں لیکن بنیادی طور پر حالات میں تبدیلی نہیں آئی ہے۔ افسانہ وہی ہے صرف عنوان بدل چکا ہے۔ آقاؤں میں تبدیلی آچکی ہے لیکن APPROACH وہی ہیں۔ عام انسان کے مسائل آج بھی اُلجھے ہوئے ہیں۔ عوام جس طرح پہلے کسی حل کے منتظر تھے، آج بھی کسی حل کے طالب ہیں (فیض کہے جا رہے تھے اور میرے شیشۂ ذہن پر اُن کی نظم "صبح آزادی" کے پہلے شعر کے الفاظ اُبھر رہے تھے۔

یہ داغ داغ اُجالا یہ شب گزیدہ سحر وہ انتظار تھا جس کا یہ وہ سحر تو نہیں

...... لہٰذا ان حالات میں ہمارے نقطۂ نظر میں تبدیلی کیسے آسکتی ہے؟ کبھی کبھار حالات میں کسی تبدیلی کا احساس ہوتا ہے یا موقتی طور پر کوئی تبدیلی آ بھی جاتی ہے۔۔۔۔ جب بھی ایسا ہوا ہے شاعر نے وقت کے تقاضوں کا ساتھ دیا ہے ہم نے ان حالات اور تقاضوں کی اپنے کلام میں ترجمانی کی ہے لیکن بایں ہمہ ہمارے نظریات نہیں بدلے۔

میں نے ایک اور سوال کیا: "فیض صاحب! اپنے ہمعصروں کے

مقابلے میں آپ کی شاعری میں روایت اور بغاوت کا خوبصورت امتزاج پایا جاتا ہے۔ روایت کا اثر جیسا کہ بعض نقادوں کا خیال ہے آپ نے سودا سے قبول تو نہیں کیا؟ وہ کہنے لگے "سودا کو تو میں نے بہت بعد میں پڑھا ہے جب کہ میری شاعری کی عمر خاصی ہو چکی تھی۔ رہا روایت اور بغاوت کا امتزاج تو یہ چیز مخدوم، سردار اور مجاز کے ہاں بھی ملتی ہے۔" فیض کے ان خیالات سے مجھ کو اتفاق نہیں تھا۔ میں نے کہا "جی ہاں! جہاں تک مخدوم کا تعلق ہے، آپ کے بعد اگر کسی ترقی پسند شاعر نے روایت اور بغاوت میں ہم آہنگی پیدا کی ہے تو وہ مخدوم ہی ہیں لیکن سردار جعفری کے بارے میں تو ایسی بات نہیں کہی جا سکتی۔ اُن کا خطیبانہ انداز، اُن کا لب و لہجہ اُن کے رموز و علائم اور کسی حد تک اُن کے موضوعات بھی اردو شاعری کی روایات سے بہت کم میل کھاتے ہیں اور جہاں تک مجاز کا تعلق ہے اس کی وجوہ خواہ کچھ ہوں، اُن کے ہاں ایک بے راہ روی پائی جاتی ہے اور ...." فیض نے میرا جملہ مکمل کرتے ہوئے کہا .... "بڑی بات تو یہ ہے کہ انہوں نے لکھا کم ہے، ویسے آپ کے خیالات سے مجھ کو تماماً اتفاق ہے۔"

اب میں نے اس موضوع کو چھیڑا جس پر میں فیض کے خیالات کو خاص طور پر جاننا چاہتا تھا۔ "ادب برائے ادب" اور "ادب برائے زندگی" پر بات چیت ہو رہی تھی کہ میں نے پوچھا "عصرِ حاضر کی جدیدیت کے بارے میں آپ کے کیا خیالات ہیں؟" فیض نے جواب دیا "جدیدیت ایک واہمہ ہے!" میں نے فوراً وضاحت چاہی "ادب سے یا زندگی سے" کہنے لگے

دونوں سے" اور حاضرین میں سے کئی ہنسنے لگے۔

میں نے پوچھا اس جدیدیت اور حلقۂ ارباب ذوق و میراجی وغیرہ کے مابین آیا آپ کوئی قدرِ مشترک یا ارتباط پاتے ہیں؟ وہ کہنے لگے میراجی اور اس جدیدیت کے علمبرداروں میں بہت فرق ہے میراجی کی چند منظومات ہی ایسی ہوں گی جیسا کہ آج کل عموماً لکھی جا رہی ہیں۔ ویسے میراجی کی بیشتر منظومات فنی اور اپنے دور کے شعری سرمایہ میں اضافہ رہی ہیں اصل بات یہ ہے کہ روایت پر جب تک عبور نہ ہو جدید بات کہی نہیں جا سکتی اسی طرح روایت کو سمجھے بغیر جدید شاعری نہ تو دانشمندی ہے اور نہ شاعری کے حق میں مفید! خواہ کوئی چیز ہو محض ہوا سے پیدا نہیں کی جا سکتی۔ میں نے محسوس کیا کہ فیض اس موضوع پر بہت کچھ کہنا چاہتے ہیں۔ انہوں نے اپنا سلسلۂ کلام جاری رکھتے ہوئے کہا ——— عصرِ حاضر میں اردو شاعری کی روایت کو آگے بڑھانے کی ضرورت ہے۔ چونکہ ایسا نہیں ہو رہا ہے اس لیے شعر کو پہچاننا ہی دشوار ہو چکا ہے کہ یہ شعر ہے۔ جدید شاعری میں ابلاغ کی کمی ہے۔ جس کے باعث نفسیاتی طور پر شعر کا ردِ عمل ہی پیدا نہیں ہوتا اور شعر شعریت اور تاثیر سے عاری ہو جاتا ہے۔ ورنہ اگر شعر میں شعریت ہو تو نہ صرف سمجھ میں آتا ہے بلکہ متاثر بھی کرتا ہے۔ میں نے جب چند ایک جدید شاعروں کے نام لے کر ان کے بارے میں فیض کے خیالات جاننا چاہا تو انہوں نے کہا کہ ان میں سے بعض کے یہاں اچھی جھلکیاں ضرور پائی جاتی ہیں لیکن مجموعی طور پر ایسا محسوس ہوتا ہے کہ یہ شاعری کی کساد بازاری کا دور ہے۔ آج کل جو شاعری ہو رہی ہے اس کا مجموعی نقشہ

بنا ہی نہیں ہے۔ اس لئے اس شاعری کی ترتیب دریافت کرنا ممکن ہی نہیں ہے۔ ادب مطالعہ اور شاہدہ سے پیدا ہوتا ہے لیکن جدیدیت کے حامیوں کے ہاں یہ دونوں عنقا ہیں۔ ہر شاعر اور ہر مکتب خیال کے شاعروں کا اپنا ایک ڈھنگ ہوتا ہے وہ شاعر یا وہ گروہ اپنے اپنے طرز میں کہتے ہیں —— اس اس خصوص میں مثال دیتے ہوئے انہوں نے اپنا ایک قطعہ سنایا ؎

جو محتسب سے کوئی تار پیرہن کا بچا | دراز دستیِ پیرِ مغاں کی نذر ہوا
اگر جراحتِ قاتل سے بخشوا لائے | تو دل سیاستِ چارہ گراں کی نذر ہوا

فیض یہ قطعہ سنا رہے تھے اور میں کچھ دیر کے لئے جیسے فیض کے کلام اور اس قطعہ کے شاعرانہ حسن میں کہیں کھو سا گیا تھا۔ فیض کا کمال یہ ہے کہ وہ الفاظ اور علامتوں کے انتخاب میں کسی جدت اور ندرت کا ظاہرہ نہیں کرتے۔ یہاں تک وہ روایات کے ساتھ ہیں لیکن ان الفاظ اور علامتوں کو وہ کچھ ایسے بانکپن حسن اور نکھار سے استعمال کرتے ہیں کہ ان کو نئے مفاہیم عطا ہو جاتے ہیں۔ فیض کی علامات مبہم نہیں ہیں۔ اردو شاعری کا باذوق قاری اِن سے جلد ہی مانوس ہو جاتا ہے۔ یہی فیض کا اسلوب اور ان کی انفرادیت ہے۔ فیض کے اسی قطعہ کو لیجئے "محتسب" "تار پیرہن" "دراز دستی" "پیرِ مغاں" "جراحت" "قاتل" اور "چارہ گراں" —— یہ ساری علامات اردو شاعری میں نئی نہیں ہیں۔ متقدمین اور متوسطین نے اِن کو بارہا استعمال کیا۔ آج بیشتر شاعروں کے یہاں یہ علامات فرسودہ اور پامال دکھائی دیتی ہیں لیکن فیض کی بغاوت کا کمال یہیں سے ہے۔ ان علامتوں کے مفاہیم ان کے ہاں وہ نہیں جو متقدمین

عصرِ حاضر کی معاشرتی زندگی اور عوامی مسائل کی ان میں آئینہ داری پوشیدہ ہیں ---- ابھی میں کچھ اور سوچ ہی رہا تھا کہ فیض نے اس تعلق کی وضاحت کردی۔

وہ کہنے لگے "پہلے جابر اور ظالم حکمراں تھے اُن سے جان بچ گئی تو جو کام پڑتے تھے انہوں نے جان لے لی۔ اِس بات کو اور طریقوں سے بھی بیان کیا جاسکتا تھا ہم کو یہ اسلوب آسان معلوم ہوا، اس لیے ہم ایسا کہتے ہیں۔ جن کا یہ پس منظر نہیں وہ نہیں سمجھ سکتے اور جن کا یہ پس منظر ہے وہ سمجھ جائیں گے۔ چونکہ جدیدیت کے حامی بیشتر شاعر روایات سے بے تعلق، زندگی سے کنارہ کش اور مطالعہ و مشاہدہ سے گریز کرتے ہیں اس لئے اُن شاعروں کے لیے کئی مسائل پیدا ہو چکے ہیں۔ ابلاغ کی کمی اس کا نتیجہ ہے، یہ شاعر شعر کہنے کی کوشش تو کرتے ہیں لیکن جب شعر کہہ نہیں پاتے تو اِدھر اُدھر کی کہنے لگتے ہیں جن میں شعریت کا نام و نشان نہیں ہوتا شعریت کے لئے ریاضت کی بھی ضرورت ہوتی ہے اور جدید شاعر ریاضت سے دور بھاگتے ہیں۔ جدید شاعری، دراصل NON- POETIC IDIOM کی شاعری ہے۔"

"خیر یہ تو مواد کی بات ہے۔" میں نے ایک اور سوال کیا -- "لیکن جدید شاعروں کی ہیئت میں جو تبدیلیاں کی ہیں اُن کے بارے میں آپ کا کیا خیال ہے؟"

فیض نے پُر وقار لہجے میں کہا: "ہم جس کو آزاد یا معریٰ شاعری کہتے ہیں یا جو ہمارے خیال میں ہیئت میں تبدیلی ہے، دراصل وہ ایسی ہے ہی کب؟ ہماری شاعری نہ تو آزاد ہے اور نہ معریٰ۔ فرق صرف اتنا ہے کہ پہلے ایک ہی نظم یا غزل ایک ہی بحر اور وزن میں لکھی جاتی تھی اب ایک ہی نظم میں مختلف بحریں استعمال کی جاتی ہیں

یا نظم کے ہر مصرعہ کا وزن جداگانہ ہوتا ہے۔ لہذا اس جدید شاعری کو بحر یا وزن سے آزاد قرار دینا درست نہیں! اس خصوص میں فیض نے خاصی تفصیل سے کہا —— عروض سب سے پہلے ہم کو عربی شاعری میں ملتا ہے عربی میں بلند پایہ شاعروں کی کمی نہیں۔ ابتداء میں ان شاعروں نے جو شاعری کی اس وقت عروض کا پتہ نہ تھا۔ ان کے بعد عرب میں جو علماء پیدا ہوئے انہوں نے شاعری کے اس سارے ذخیرہ کا جائزہ لیا۔ ردیف و قافیہ کو شاعری کے لئے ناگزیر قرار دیا۔ اشعار کی زور طبع کی اور بحریں بنائیں، وغیرہ وغیرہ۔ عرب میں آج تک یہ سب چلا آتا ہے۔ فن عروض عرب سے ہو کر ایران آیا وہاں تھوڑی بہت تبدیلی ہوئی ضرور لیکن بس تھوڑی بہت! ایران سے یہ فن ہندوستان پہنچا۔ کہہ لیجئے خسرو کے ساتھ خسرو بڑے لائق آدمی تھے انہوں نے کوشش کی کہ فارسی بحروں اور اوزان وغیرہ کے طرز پر ہندی میں بحروں کو مدون کیا جائے۔ انہوں نے فارسی بحروں کی مدد سے ہندوستانی موسیقی کے راگوں میں تو کمال پیدا کیا لیکن شاعری کو چھوڑ دیا اگر وہ موسیقی کی طرح شاعری پر بھی توجہ دیتے تو اس میں نیا انداز پیدا کیا جا سکتا تھا"... فیض نے مزید کہا —" ہر زبان کا اپنا ایک ترنم ہوتا ہے۔ ہندوستانی زبانوں کا بھی اپنا ایک ترنم ہوتا ہے۔

عربی اور فارسی شاعری میں بحریں ان زبانوں کے ترنم اور مزاج کو ملحوظ رکھتے ہوئے مدون کی گئی تھیں جب کہ ہندوستانی زبانوں کے ترنم کی مطابقت میں ان زبانوں کی شاعری میں بحروں کی تدوین کو نظر انداز کر دیا گیا" انہوں نے پہلے ترکی کے مشہور شاعر ناظم حکمت کی مثال دی، جنہوں نے عروض کی پابندی کرتے ہوئے شعر کہا ہی نہیں — اور پھر کہنے لگے "... یہ عروض سے مکمل بغاوت ہے۔

انقلابی اقدام ہے۔ اس طرح شکسپیر نے بہت پہلے حقیقی معنوں میں بلینک ورس اختیار کیا اور انگریزی شاعری ایک انقلاب سے دوچار ہوئی۔ اردو شاعری میں ابھی جو کوئی یہ ایجاد کرے گا یعنی واقعی آزاد اور معرّیٰ شاعری، بحروں اور اوزان سے انحراف حقیقی معنوں میں ہیئت سے گریز ــــ تو وہی اردو کا جدید شاعر ہوگا اور ہم اس کو تسلیم کریں گے۔ اس میں کوئی شبہ نہیں کہ اردو میں ابھی اس جدید شاعر کے خدوخال ابھرے نہیں ہیں۔

فیض نے زندگی اور ادب کے موضوعات پر کچھ ایسی طویل نہ سہی تاہم خاطر خواہ اور تسلی بخش بات چیت ضرور کی تھی۔ گیارہ سے ایک بجے تک ہم سب پروفیسر حبیب النساء بیگم کی رہائش گاہ پر تھے دوپہر کے کھانے پر شہاب جعفری نے فیض، کرتار سنگھ دُگل اور مجھ کو اپنے فلیٹ پر مدعو کیا تھا۔ فیض نے ہر دو مواقع پر اپنے کلام سے سب کو محظوظ کیا۔ اپنی مشہور نظم دعا کے علاوہ دو تین غزلیں اور "غالب صدی" کے سلسلہ میں لکھی گئی غزل سنائی جو یہ ہیں ؎

یوں سجا چاند کہ جھلکا ترے انداز کا رنگ
یوں فضا مہکی کہ بدلا مرے ہمراز کا رنگ

سایۂ چشم میں حیراں رُخِ روشن کا جمال
سُرخیِ لب میں پریشاں تری آواز کا رنگ

بے پیئے ہوں کہ اگر لطف کرو آخرِ شب
شیشۂ مے میں ڈھلے صبح کے آغاز کا رنگ

چنگ و نے رنگ پہ تھے اپنے لہو کے دم سے
دل نے لے بدلی تو مدھم ہوا ہر ساز کا رنگ

ایک سخن اور کہ پھر رنگِ تکلم تیرا
حرفِ سادہ کو عنایت کرے اعجاز کا رنگ

کئے آرزو سے پیماں جو مآل تک نہ پہنچے　　شب و روزِ آشنائی مہ و سال تک نہ پہنچے
وہ نظر بہم نہ پہنچی جو محیطِ حسن کرتی　　تری دید کے وسیلے خد و خال تک نہ پہنچے
وہی چشمۂ بقا تھا جسے سب سراب سمجھے　　وہی خواب معتبر تھے جو خیال تک نہ پہنچے
ترا لطف وجہِ تسکیں، نہ قرار شرحِ غم سے　　کہ ہیں دل میں وہ گلے بھی جو ملال تک نہ پہنچے
کوئی یار جاں سے گذرا، کوئی ہوش سے نہ گذرا　　یہ ندیمِ یک دو ساغر مرے حال تک نہ پہنچے
چلو فیض دل جلائیں کریں پھر سے عرضِ جاناں　　وہ سخن جو لب تک آئے پہ سوال تک نہ پہنچے

فیض کی شاعری بہتی ہوئی ندی کی طرح "خاموش ترنم" کی حامل ہوتی ہے اُن کے کلام کی فضا کچھ یوں رہتی ہے جیسے بارش ابھی ابھی تھمی ہو، فضا میں تازگی رچ بس گئی ہو، شادابیوں نے ڈیرہ جما لیا ہو، ہر طرف نکھار ہی نکھار ہو، رعنائی ہی رعنائی ہو — اُن کے کلام میں تیز روشنی کی آنکھوں کو چکاچوند کر دینے والی کیفیت ہے اور تیز رنگوں کی شوخی — اس طرح اُن کا لب و لہجہ بھی بڑا دھیما اور شیفتگی کا حامل ہوتا ہے جو اُن کے کلام کی دلآویزی اور وقعت کو اور کہیں افزوں کر دیتا ہے۔ فیض سگریٹ کے کش لیتے ہوئے اشعار سنا رہے تھے، ایک سماں بندھ چکا تھا جیسے فیض کی شخصیت، اُن کی غزلوں کا تغزل سارے ماحول پر چھا چکا ہو۔ پھر انہوں نے غالب صدی کے دوران کہی گئی یہ غزل سنائی، بے حد خوبصورت، از حد دلنواز، روح پرور، کیف آگیں...

طوفاں بہ دل ہے ہر کوئی دلدار دیکھنا　　گل ہو نہ جائے مشعلِ رخسار دیکھنا
آتش بجاں ہے ہر کوئی سرکار دیکھنا　　لو دے اُٹھے نہ طرۂ دستار دیکھنا
جذبِ مسافرانِ رہِ یار دیکھنا　　دیکھنا نہ سنگ نہ دیوار دیکھنا

کوئے جفا میں قحطِ خریدار دیکھنا — ہم آگئے تو گرمیٔ بازار دیکھنا
خالی ہیں گرچہ مسند و منبر نگوں ہے قلب — رعبِ قبا و ہیبتِ دستار دیکھنا
جب تک نصیب تھا ترا دیدار دیکھنا — جس سمت دیکھنا گل و گلزار دیکھنا

پھر ہم تمیزِ روز و مہہ و سال کر سکیں
اے یادِ یار پھر ادھر اک بار دیکھنا

وقت کافی ہو چکا تھا اپنے پروگرام کے مطابق فیض (۳) بجے میسور سے بنگلور روانہ ہونے والے تھے لیکن اب تو (۵) بج چکے تھے۔ ڈگل صاحب جو کھانے کے بعد کہیں گئے تھے، کار لے کر آگئے، ہم سب فیض کو رخصت کرنے کار تک آئے۔ فیض مصافحہ کر کے کار میں بیٹھ چکے تھے، کار اسٹارٹ ہوئی اور خوبصورت یادوں کا انبار چھوڑتے ہوئے فیض ہماری نگاہوں سے اوجھل ہو گئے۔ میسور کا موسم ان دنوں بے حد خوشگوار ہوتا ہے۔ سرسبز، شاداب، شادماں، مست اور البیلا۔ مجھے فیض کی نظم "اے حبیب عنبر دست" کے یہ اشعار یاد آگئے ؎

مہک رہی ہے فضا زلفِ یار کی صورت
ہوا ہے گرمیٔ خوشبو سے اس طرح سرمست
ابھی ابھی کوئی گزرا ہے گل بدن گویا
کہیں قریب سے گیسو بدوش، عنبر دست

* * *